D1667055

Andreas Meinecke

Bewertung von Betriebsvermögen im Erbschaftssteuerrecht

Ein praxisorientierter Leitfaden

Meinecke, Andreas: Bewertung von Betriebsvermögen im Erbschaftssteuerrecht: Ein praxisorientierter Leitfaden, Hamburg, Igel Verlag RWS 2014

Buch-ISBN: 978-3-95485-095-2
PDF-eBook-ISBN: 978-3-95485-595-7
Druck/Herstellung: Igel Verlag RWS, Hamburg, 2014

Bibliografische Information der Deutschen Nationalbibliothek:
Die Deutsche Nationalbibliothek verzeichnet diese Publikation in der Deutschen Nationalbibliografie; detaillierte bibliografische Daten sind im Internet über http://dnb.d-nb.de abrufbar.

Das Werk einschließlich aller seiner Teile ist urheberrechtlich geschützt. Jede Verwertung außerhalb der Grenzen des Urheberrechtsgesetzes ist ohne Zustimmung des Verlages unzulässig und strafbar. Dies gilt insbesondere für Vervielfältigungen, Übersetzungen, Mikroverfilmungen und die Einspeicherung und Bearbeitung in elektronischen Systemen.

Die Wiedergabe von Gebrauchsnamen, Handelsnamen, Warenbezeichnungen usw. in diesem Werk berechtigt auch ohne besondere Kennzeichnung nicht zu der Annahme, dass solche Namen im Sinne der Warenzeichen- und Markenschutz-Gesetzgebung als frei zu betrachten wären und daher von jedermann benutzt werden dürften.

Die Informationen in diesem Werk wurden mit Sorgfalt erarbeitet. Dennoch können Fehler nicht vollständig ausgeschlossen werden und die Diplomica Verlag GmbH, die Autoren oder Übersetzer übernehmen keine juristische Verantwortung oder irgendeine Haftung für evtl. verbliebene fehlerhafte Angaben und deren Folgen.

Alle Rechte vorbehalten

© Igel Verlag RWS, Imprint der Diplomica Verlag GmbH
Hermannstal 119k, 22119 Hamburg
http://www.diplomica.de, Hamburg 2014
Printed in Germany

Inhaltsverzeichnis

Abbildungsverzeichnis

Tabellenverzeichnis

Abkürzungsverzeichnis

Abs.	Absatz
ARAP	aktiver Rechnungsabgrenzungsposten
Art.	Artikel
Aufl.	Auflage
Ausg.	Ausgabe
APV	Adjusted Present Value
AWH	Arbeitsgemeinschaft der wertermittelnden Betriebsberater im Handwerk
BB	Betriebs Berater (Zeitschrift)
BBB	Berater Brief Betriebswirtschaft (Zeitschrift)
BDI	Bundesverband deutscher Industrie
BewErl	Bewertungserlass (Gleich lautende Erlasse der obersten Finanzbehörden der Länder zur Umsetzung des Gesetzes zur Reform des Erbschaftsteuer- und Bewertungsrechts vom 25.06.2009; Anwendung der §§ 11, 95 bis 109 und 199 ff. BewG in der Fassung durch das ErbStRG)
BewG	Bewertungsgesetz
BFH	Bundesfinanzhof
BFW	Bundesverband Freier Immobilien- und Wohnungsunternehmen
BGBl.	Bundesgesetzblatt
BMF	Bundesministerium der Finanzen
BR	Bundesrat
BStBl.	Bundessteuerblatt
BT	Bundestag
BVerfG	Bundesverfassungsgericht
DB	Der Betrieb (Zeitschrift)
DF	Diskontierungsfaktor
DstR	Deutsches Steuerrecht (Zeitschrift)
WPg	Die Wirtschaftsprüfung (Zeitschrift)
DIHK	Deutsche Industrie und Handelskammer
DCF	Discounted Cash Flow
EBIT	earnings before interest and taxes
ErbSt	Erbschaftsteuer
ErbStErl	Erbschaftsteuererlass (Gleich lautende Erlasse der obersten Finanzbehörden der Länder zur Umsetzung des Gesetzes zur Reform des Erb schaftsteuer- und Bewertungsrechts vom 25.06.2009; Anwendung der geänderten Vorschriften des Erbschaftsteuer- und Schenkungsteuergesetzes)
ErbStG	Erbschaftsteuergesetz
EStG	Einkommensteuergesetz
f	folgende
ff	fortfolgende
GE	Geldeinheit(en)
gem.	gemäß
GG	Grundgesetz
GmbH	Gesellschaft mit beschränkter Haftung (Rechtsformbezeichnung)
GuV	Gewinn und Verlust(-rechnung)
Hrsg.	Herausgeber
HS	Halbsatz
IDW	Institut der Wirtschaftsprüfer
IDW S1	Institut der Wirtschafsprüfer Standard 1
i.H.v.	in Höhe von
i.S.d.	im Sinne des
i.V.m.	in Verbindung mit
KapG	Kapitalgesellschaft
Mio.	Million(en)

NWB	Neue Wirtschafts-Briefe (Zeitschrift)
S.	Seite
Stbg	Die Steuerberatung (Zeitschrift)
Stpfl.	Steuerpflichtiger
StuB	Steuern- und Bilanzpraxis (Zeitschrift)
u.a.	unter anderem
v.Ewv.	vereinfachtes Ertragswertverfahren
vgl.	vergleiche
WACC	Weighted Average Cost of Capital
z.n.e.J.	zukünftig nachhaltig erzielbarer Jahresertrag

1. Einleitung

1.1 Problemstellung

Das Bundesverfassungsgericht hatte am 31.01.2007 seine Entscheidung vom 07.11.2006 zur Verfassungsmäßigkeit der Erbschaftsteuervorschriften veröffentlicht. In der Entscheidung wird ausgeführt, dass § 19 ErbStG gegen den Gleichheitsgrundsatz des Art. 3 Abs. 1 GG verstößt.[1] Das Grundgesetz sagt im Artikel 3 aus, dass wesentlich Gleiches gleich und wesentlich Ungleiches auch ungleich beurteilt und bewertet werden muss.[2] Obwohl für unterschiedliche Vermögensarten, wie Betriebsvermögen, Grundvermögen, Anteilen an Kapitalgesellschaften, land- und forstwirtschaftlichen Vermögen, kein einheitlicher Bewertungsmaßstab vorliegt, wird auf diese unterschiedlich bewerteten Einheiten oder Güter ein einheitlicher Steuersatz angesetzt. Bei Steuerobjekten, die nicht als Geldsumme vorliegen, musste mit einer Bewertungsmethode entsprechend dem BewG der Geldwert für eine steuerliche Bemessungsgrundlage ermittelt werden.[3] Nach den Vorschriften des BewG wurden jedoch die einzelnen Vermögensgegenstände auf unterschiedliche Art und Weise ermittelt. So wurde beispielsweise das Betriebsvermögen mit Steuerbilanzwerten angesetzt, die deutlich unter dem gemeinen Wert lagen. Durch bilanzpolitische Maßnahmen, wie der Wahl der Abschreibungsmethode und Sofort- oder Sonderabschreibungen, konnten stille Reserven gebildet werden, die bei der Ermittlung der Bemessungsgrundlage nicht berücksichtigt wurden und so die Differenz zwischen Steuerwert und gemeinen Wert noch erhöhten.
In der Entscheidung über die Verfassungswidrigkeit des Erbschaftsteuerrechts verpflichtete das BVerfG den Gesetzgeber, bis Ende 2008 eine Neuregelung der Bewertung zu finden, die sich einheitlich am gemeinen Wert orientiert. Weiterhin führt das BVerfG aus, dass aus verfassungsrechtlichen Gründen auch keine außerfiskalischen Förderungs- und Lenkungsziele auf der Bewertungsebene verfolgt werden dürfen. Erst bei einer weiteren Stufe darf der Gesetzgeber steuerliche Verschonungsregeln ausgestalten.[4]
Der Bundestag ist dem Beschluss des BverfG fristgerecht nachgekommen und hat den Gesetzesentwurf am 27.11.2008 verabschiedet. Die Zustimmung des Bundesrates erfolgte am 05.12.2008.[5] Am 24.12.2008 wurde das Erbschaftsteuerreformgesetz verkündet und am 01.01.2009 trat es in Kraft.[6] In der Gesetzesbegründung führt der Gesetzgeber aus, dass durch die neuen Besteuerungsregeln die Chancengleichheit der Gesellschaft erhöht wird und keine wesentliche Änderung des Gesamtaufkommen der

---

[1] Vgl. BVerfG, 1 BvL 10/02 vom 7.11.2006, BStBl. II [2007], S. 192.
[2] Vgl. Art. 3 Abs. 1 GG.
[3] Vgl. Bundesverfassungsgericht Pressemitteilung 11/2007 [2007], S. 1.
[4] Vgl. BVerfG, 1 BvL 10/02 vom 7.11.2006, BStBl. II [2007], S. 193 ff.
[5] Vgl. BR-Drucksache 888/08.
[6] Vgl. Erbschaftsteuerreformgesetz, BGBl. Teil I [2008], S. 3018.

Erbschaft- und Schenkungssteuer erfolgt. Die Bewertung der Vermögensklassen wird einheitlich am gemeinen Wert ausgerichtet. Nach dieser ersten Ebene können in der zweiten Ebene Verschonungsregeln genutzt werden, so dass die Vermögenshöherbewertung durch den Ansatz des gemeinen Wertes wieder gemindert wird. Durch zielgenaue Verschonung soll das, dem Gemeinwohl dienende, Vermögen begünstigt werden und beispielweise die Arbeitsplätze von kleinen und mittelständischen Unternehmen im Falle eines Betriebsüberganges geschützt werden. Außerdem werden die persönlichen Freibeträge für das eigene familiäre Umfeld deutlich angehoben.[7] Der Gesetzgeber verfolgte mit diesem Reformgesetz das Ziel, die horizontale Steuergerechtigkeit durch den Ansatz des gemeinen Wertes auf der Bewertungsebene zu erreichen und die vertikale Steuergerechtigkeit durch isolierte Verschonungsregeln innerhalb der einzelnen Vermögensarten zu ermöglichen.[8]

Die Neuregelungen des Erbschaftsteuer- und Bewertungsgesetzes geben Anlass zur kritischen Überprüfung, inwieweit der vom Bundesverfassungsgericht angegebene Verstoß gegen Art. 3 Abs. 1 GG jetzt vermieden wird und ob die vom Gesetzgeber angegebene Zielsetzung hinsichtlich der vertikalen Steuergerechtigkeit sowie der Verschonung von kleinen und mittelständischen Unternehmen durch die Maßnahmen erreicht werden können. Zudem ergibt sich die Frage, welche steuerlichen Gestaltungsmöglichkeiten aus der Wahl der Bewertungsmethoden entwickelt werden können.

1.2 Gang der Untersuchung

Die öffentliche Auseinandersetzung mit der Erbschaftsteuer und dem Bewertungsgesetz erfolgte, nach den Veröffentlichungen der Erbschaftsteuerreform und der Ländererlasse, oftmals nur hinsichtlich einer Untersuchung von Teilaspekten oder in Form einer groben, nicht immer profunden Darstellung.

Das Ziel dieser Arbeit ist daher die Durchführung einer umfassenden Analyse, die sich zum einen auf die zur Verfügung stehenden Bewertungsverfahren für Betriebsvermögen und zum anderen auf eine tiefgreifende Untersuchung bei der Begünstigung von Betriebsvermögen erstreckt. Dabei sollen Probleme und Zweifelsfragen, die sich z.B. aus den zuletzt veröffentlichten strittigen Ländererlassen hinsichtlich der Gesetzesanwendung ergeben, identifiziert und Lösungsansätze zur steuerlichen Gestaltung ergründet werden.

Die Arbeit beginnt mit einer Abgrenzung des Untersuchungsgegenstands und einer Darstellung der Grundsätze über die Bewertung des Betriebsvermögens im Erbschaftsteuerrecht. Im Anschluss erfolgt eine ausführliche und kritische Darstellung der erbschaftsteuerlichen Bewertungshierarchie. Hiernach werden die wichtigsten Bewer-

[7] Vgl. BT-Drucksache 16/7918, S. 23.
[8] Vgl. Preißer; Hegemann; Seltenreich [2009], S. 13 f.

tungsmethoden mit ihren wesentlichen Vor- und Nachteilen erläutert, um sodann, mit Hilfe diverser Berechnungsbeispielen, steuerliche Gestaltungsmöglichkeiten aufzuzeigen. Abschließend erfolgt eine detaillierte Ausführung zur Begünstigung von Betriebsvermögen im Hinblick auf steuerminimierenden Anwendungs- und Auslegungsfragen.
Nach der ganzheitlichen Darstellung der Bewertungsebene und der Begünstigungsebene wird in der Synthese sowie im Fazit, neben einer kritischen Würdigung der beiden Ebenen, auch die Frage beleuchtet, ob die Vorgaben des Bundesverfassungsgerichts hinsichtlich des Gleichheitsgrundsatzes, sowie die, in der Gesetzesbegründung angepriesenen, Ziele vom Gesetzgeber erfüllt worden sind.

2. Bewertung von Betriebsvermögen

2.1 Begriff des Betriebsvermögens

Im Sinne des ErbStG ist das Betriebsvermögen eine Vermögensart, die sich gem. § 18 BewG abgrenzt vom Grundvermögen sowie land- und forstwirtschaftlichem Vermögen. Gem. § 95 Abs. 1 BewG umfasst das Betriebsvermögen alle Teile eines Gewerbebetriebes i.S.d. § 15 Abs. 1 und 2 EStG, die bei der steuerlichen Gewinnermittlung zum Betriebsvermögen gehören. Gem. § 96 BewG wird die Ausübung eines freien Berufes i.S.d. § 18 Abs. 1 Nr. 1 EStG dem Gewerbebetrieb gleichgestellt. Im § 97 Abs. 1 BewG wird ausgeführt, dass alle Wirtschaftsgüter einen Gewerbetrieb bilden, die den Kapitalgesellschaften, Personengesellschaften, Genossenschaften, Versicherungsvereinen auf Gegenseitigkeit und Kreditgesellschaften öffentlichen Rechts gehören, wenn die Geschäftsleitung oder der Sitz sich im Inland befindet.

2.2 Grundsätze der Bewertung

Die Bewertung des Betriebsvermögens wird durch den Grundsatz der Rechtsformneutralität und Gesamtbewertung geprägt. Der Grundsatz der Rechtsformneutralität zielt darauf ab, dass das Ergebnis der Bewertung von Betriebsvermögen nicht durch die Rechtsform der Unternehmung beeinflusst wird. Mit dem Grundsatz der Gesamtbewertung ist gemeint, dass, abgesehen von der Substanzwertmethode, die zu bewertenden Wirtschaftsgüter nicht einer Einzelbewertung unterzogen werden, sondern das Unternehmen als Ganzes nach seinem Ertrag bewertet wird, sofern kein Kurswert bei börsennotierten Unternehmen und kein zeitnaher Kaufpreis vorliegt. Der Renditefaktor ist das bestimmende Element der Unternehmensbewertung im Rahmen der Erbschaftsteuer.[9]

Die grundsätzliche Ausrichtung an dem gemeinen Wert ist für das Betriebsvermögen in § 109 Abs. 1 BewG normiert. Gem. § 9 Abs. 2 BewG wird der gemeine Wert durch den Preis festgelegt, der im gewöhnlichen Geschäftsverkehr bei einer Veräußerung zu erzielen wäre. In der Praxis kann dieser Wert letztendlich nur durch die einverständliche Ermittlung des Preises zwischen Käufer und Verkäufer ermittelt werden. Nach Auffassung von Creutzmann hat sich der Gesetzgeber damit auch an dem, aus der internationalen Rechnungslegung bekannten, Fair Value-Prinzip orientiert, das ebenfalls Marktpreise als den besten Bewertungsmaßstab sieht.[10] Bei der Berechnung des gemeinen Wertes für die Erbschaftsteuer ist diese marktübliche Preis- bzw. Wertfindung nicht möglich, da es keinen Käufer gibt. Stattdessen muss der fiktive Kaufpreis mit

---

[9] Vgl. Preißer; Hegemann; Seltenreich [2009], S.103.
[10] Vgl. Creutzmann [2008], S. 2785.

schematischen Bewertungsmethoden ermittelt werden, der sodann rechtlich für Erbschaftsteuerzwecke den gemeinen Wert darstellt.[11]

2.3 Hierarchie der Bewertungsmethoden

Für die Ermittlung des gemeinen Werts von Betriebsvermögen sieht § 11 Abs. 1 und 2 BewG verschiedene Bewertungsmethoden vor. Da die Anwendung der unterschiedlichen Methoden teilweise zu stark unterschiedlichen Bewertungsergebnissen führen, ist es von großer Bedeutung, das Rangverhältnis zwischen den konkurrierenden Methoden vor allem hinsichtlich der Fragestellung festzustellen, wann ein Wahlrecht und wann eine Pflicht zur Anwendung eines bestimmten Verfahrens besteht.

2.3.1 Prävalenz zeitnaher Transaktionswerte

Unstreitig ist, dass gem. § 11 Abs. 1 BewG der Börsenkurs stets allen anderen Bewertungsmethoden vorzuziehen ist. So ist bei börsennotierten Unternehmen der niedrigste, am Übertragungsstichtag, an einer deutschen Börse notierte Kurs für die Unternehmensbewertung maßgeblich. Wenn kein Börsenkurs vorliegt, muss i.S.d. § 11 Abs. 2 BewG der gemeine Wert aus Vergleichsverkäufen unter fremden Dritten abgeleitet werden, die weniger als ein Jahr zurückliegen. Die Vorrangigkeit dieser Methoden ist darauf zurückzuführen, dass zur Ermittlung des gemeinen Wertes auf einen Kaufpreis zurückgegriffen wird, der im gewöhnlichen Geschäftsverkehr tatsächlich erzielt worden ist und somit verlässlicher ist, als jede Annäherung an den gemeinen Wert durch eine Schätzung.[12] Demnach ist der Auffassung des Gesetzgebers zuzustimmen, dass zeitnahe Verkäufe in der Vergangenheit den Marktwert am Bewertungsstichtag unwiderlegbar am zutreffendsten widerspiegeln.[13] Ein Unternehmenswert, der mit dem Börsenkurs oder dem maßgeblichen Verkauf unter Fremden Dritten ermittelt worden ist, kann zudem auch nicht durch einen abweichenden, möglicherweise höheren, Substanzwert ersetzt werden. In diesem Zusammenhang ist also die Verwendung des Substanzwertes als Mindestwert ausgeschlossen.[14]

2.3.2 Alternative Methoden

Sofern der gemeine Wert sich nicht aus Verkäufen unter fremden Dritten, die weniger als ein Jahr zurückliegen, ableiten lässt, so ist er unter Berücksichtigung der Ertrag-

---

[11] Vgl. Halaczinsky; Riedel [2009], S.117.
[12] Vgl. Preißer; Hegemann; Seltenreich [2009], S.104 f.
[13] Vgl. BT-Drucksache 16/7918, S. 38.
[14] Vgl. Abschnitt 4 Abs. 1 BewErl (Gleich lautende Erlasse der obersten Finanzbehörden der Länder zur Umsetzung des Gesetzes zur Reform des Erbschaftsteuer- und Bewertungsrechts vom 25.06.2009; Anwendung der §§ 11, 95 bis 109 und 199 ff. BewG in der Fassung durch das ErbStRG).

saussichten oder einer anderen anerkannten, auch im gewöhnlichen Geschäftsverkehr für nicht steuerliche Zwecke üblichen Methode zu ermitteln.[15]

2.3.2.1 *Marktübliche Methoden*

Um das Rangverhältnis zwischen den Ertragswertmethoden (individuell oder vereinfacht) zu den anderen marktüblichen Methoden festzustellen, verweist der Gesetzgeber auf § 11 Abs. 2 S. 1 HS. 2 BewG. Dabei ist "die Methode anzuwenden, die ein Erwerber der Bemessung des Kaufpreises zugrunde legen würde".[16] Der Wortlaut "ist anzuwenden" macht deutlich, dass kein Methodenwahlrecht besteht wenn nur eine Methode marktüblich ist, da der Erwerber in diesem Fall gezwungen wäre, diese Methode zu verwenden. Dieser Gesetzesbefehl wird in der Praxis oftmals nur schwer umzusetzen sein, da der Gesetzgeber voraussetzt, dass der Steuerpflichtige weiß, welche Methode ein Käufer verwenden würde.[17] Die Finanzbehörde weist darauf hin, dass sich Anhaltspunkte für eine andere marktübliche Methode durch branchenspezifische Verlautbarungen ergeben können, beispielsweise bei Kammerberufen aus Veröffentlichungen der Kammern.[18] Ob auch eine andere Bewertungsmethode marktüblich und damit anwendbar ist, lässt sich nur durch eine empirische Marktbeobachtung belegen.[19] Die Gesetzesbegründung rechtfertigt die Anweisung in § 11 Abs. 2 S. 1 HS. 2 BewG damit, dass die Wertfindung aus Sicht eines gedachten Käufers zu einem niedrigeren Wert führt, da ein Erwerber darauf abzielt, den Kaufpreis möglichst gering zu halten. Außerdem sollen dadurch Schätzungsunschärfen zu Lasten des Steuerpflichtigen vermieden werden.[20] Wenn jedoch zwei Bewertungsmethoden marktüblich sind, ist folglich der Gesetzesanwender gezwungen, die Methode zu wählen, die zu einem geringeren Wert führt, da ein gedachter Käufer den Preis niedrig halten würde. Obwohl dieser Zwang zum niedrigeren Wert in der Gesetzesbegründung als Schutz des Steuerpflichtigen präsentiert wurde, kann dieser Gesetzesbefehl auch schädlich wirken, wenn der Anteil des Verwaltungsvermögen durch den niedrigeren Unternehmensgesamtwert die 10%- bzw. 50%-Grenze überschreitet.[21] Denn Unternehmen mit mehr als 50% Verwaltungsvermögen sind von der Begünstigung des Vermögens ausgeschlossen.[22] Bei Überschreiten der 10%-Grenze ist eine totale Verschonung des Betriebsvermögens ebenfalls nicht mehr möglich.[23]

---

[15] Vgl. § 11 Abs. 2 S. 2 BewG.
[16] § 11 Abs. 2 S. 2 HS. 2 BewG.
[17] Vgl. Piltz [2009], S. 1830.
[18] Vgl. Abschnitt 3 Abs. 2 S. 3 BewErl.
[19] Vgl. Piltz [2009], S. 1830.
[20] Vgl. BR-Drucksache 4/08, S. 62.
[21] Vgl. Piltz [2009], S. 1830.
[22] Vgl. § 13 b Abs. 2 S. 1 ErbStG.
[23] Vgl. § 13 b Abs. 2 S. 1 i.V.m. § 13 a Abs. 8 Nr.3 ErbStG.

2.3.2.2 *Ertragswertmethoden*

Wenn keine andere übliche Methode zwingend vorgeschrieben ist, kann die Ertragswertmethode als individuelle Ertragswertmethode oder vereinfachtes Ertragswertverfahren wahlweise gem. Abschnitt 3 Abs. 2 S. 2 und S. 4 BewErl angewendet werden. Das vereinfachte Ertragswertverfahren ist jedoch i.S.d. § 199 BewG nicht anwendbar, wenn es zu einem offensichtlich unzutreffenden Ergebnis führt. Es ist gesetzlich nicht geklärt, wo der Bereich des "offensichtlich unzutreffenden" beginnt. Der Wortlaut "offensichtlich" deutet allerdings an, dass eine erhebliche Abweichung vorliegen muss. Andererseits kann man davon ausgehen, dass ein entsprechender Beurteilungsspielraum bei der Unternehmensbewertung seitens der Gesetzgebung gestattet ist.[24] In der Literatur wird häufig die Auffassung von Mannek vertreten. Demnach liegt ein offensichtlich unzutreffendes Ergebnis vermutlich erst bei einer Abweichung von 50% vor.[25] Da diese Meinung jedoch völlig unbegründet und frei gegriffen ist, dürfte die Bedeutung dieser Auffassung eher gering sein.[26] Außerdem kann ein unzutreffendes Ergebnis nur durch einen anderen Vergleichswert ermittelt werden, weil sonst der Bezugsmaßstab fehlt. Somit ist ein Rückgriff auf ein anderes marktgängiges Verfahren anzustellen.[27] Folglich ist anzuzweifeln, ob das vereinfachte Verfahren seinen Zweck erfüllt und kostenintensive Wertgutachten vermeidet.[28] Laut Abschnitt 19 Abs. 4 BewErl liegen Hinweise für "offensichtlich unzutreffende" Werte vor, wenn Daten aus zeitnahen Verkäufen nach dem Bewertungsstichtag oder aus Verkäufen, die mehr als ein Jahr vor dem Bewertungsstichtag liegen, vorhanden sind oder wenn Rückschlüsse auf den gemeinen Wert aus der Verteilung der Erbmasse möglich sind. Im Abschnitt 19 Abs. 5 BewErl wird dargestellt, dass die Anwendung des vereinfachten Ertragswertverfahrens im Fall komplexer Strukturen von verbundenen Unternehmen zu unzutreffenden Ergebnissen führen wird. Es ist jedoch per Gesetz kein bestimmtes Bewertungsverfahren für Konzerne vorgegeben, so dass die Durchsetzung dieser Anwendungseinschränkung zweifelhaft ist.[29] Weiterhin ist das vereinfachte Ertragswertverfahren nicht anzuwenden, wenn das Unternehmen erst innerhalb eines Jahres vor dem Bewertungsstichtag gegründet oder die Branche gewechselt wurde.[30] In diesen Fällen kann der Substanzwert als Mindestwert entsprechend § 11 Abs. 2 S. 3 BewG angesetzt werden, falls dieser Ansatz nicht zu einem unzutreffenden Ergebnis führt.

[24] Vgl. Schulte; Birnbaum; Hinkers [2009], S. 301.
[25] Vgl. Mannek [2009], S.428.
[26] Vgl. Eisele [2009a], S. 85.
[27] Vgl. Eisele [2009a], S. 85.
[28] Vgl. Schulte; Birnbaum; Hinkers [2009], S. 300.
[29] Vgl. Bachmann; Widmann [2009], S. 112.
[30] Vgl. Abschnitt 19 Abs. 5 BewErl.

Mit der vereinfachten Ertragswertmethode will der Gesetzgeber eine verlässliche und angemessene Bewertung ermöglichen.[31] Sollte der so ermittelte gemeine Wert aufgrund der starren Vorgaben, z.B. Kapitalisierungsfaktor und schematischer Vorgehensweise, nicht der Realität entsprechen, so kann der Steuerpflichtige eine marktpreisnahe Ertragswertermittlung auf der Basis einer fachlich fundierten Unternehmensbewertung durchführen. Mit den Bewertungsgrundsätzen des IDW S 1 bietet das Institut der Wirtschaftsprüfer ein Ertragswertverfahren an, das den betriebswirtschaftlichen Anforderungen genügt und auch von den obersten Zivilgerichten anerkannt wird. Bei dieser individuellen Ertragswertmethode können die Unternehmens- und Branchenrisiken sowie die Finanzstruktur des Bewertungsobjektes spezifisch ermittelt und angesetzt werden.[32] Im Sinne des Abschnitt 3 Abs. 2 S. 2 BewErl kann grundsätzlich der Steuerpflichtige den gemeinen Wert durch Vorlage eines methodisch nicht zu beanstandenden Gutachten erklären. Nach der Auffassung von Piltz wird damit auf anerkannte Bewertungsverfahren in der Art von IDW S 1 und wissenschaftliche Erkenntnisse verwiesen. Der Steuerpflichtige kann die Bewertung auch selbst durchführen, falls er die notwendige Kenntnisse besitzt.[33] Im Regelfall wird die gutachterliche Bewertung jedoch von einem Sachverständigem, z.B. Steuerberater oder Wirtschaftsprüfer, anzufertigen sein. Grundsätzlich hat der Steuerpflichtige ein Wahlrecht, ob er das gesetzlich normierte, vereinfachte Ertragswertverfahren nach §§ 199 ff. BewG anwendet oder das individuelle Ertragswertverfahren.[34] Das Ertragswertverfahren nach dem IDW S 1 Standard wurde bisher in Deutschland unabhängig von der Erbschaftsteuerreform am häufigsten verwendet.[35] Bei der Ermittlung des gemeinen Wertes eines Unternehmens nach einer Ertragswertmethode definiert der Gesetzgeber in § 11 Abs. 2 S. 3 BewG den Substanzwert der Gesellschaft als Untergrenze. Dabei ist unter Substanzwert die Summe der gemeinen Werte aller Wirtschaftsgüter des Betriebsvermögens und sonstiger aktiver Ansätze abzüglich der entsprechenden Schulden und sonstiger Abzüge zu verstehen.[36] Mit dieser Definition weicht der Gesetzgeber vom Substanzwertbegriff nach IDW S 1 erheblich ab. Nach IDW S 1 entspricht der Substanzwert dem Rekonstruktions- bzw. Gebrauchswert, der sich aus dem Wiederbeschaffungszeitwert der einzelnen Wirtschaftgüter ergibt und nicht einem verkaufspreisorientierten Wert, wie es § 11 Abs. 2 S. 3 BewG aussagt.[37] Ein Sonderfall des Substanzwertes ist der Liquidationswert, der dann anzusetzen ist, wenn die Liquidation des Unternehmens beabsichtigt ist.[38]

---

[31] Vgl. BR-Drucksache 4/08, S. 62.
[32] Vgl. Bachmann; Widmann [2009], S. 111.
[33] Vgl. Piltz [2009], S. 1831.
[34] Vgl. Eisele [2009a], S. 85.
[35] Vgl. Eisele [2009], S. 187.
[36] § 11 Abs. 2 S. 3 BewG.
[37] Vgl. Bachmann; Widmann [2009], S. 120.
[38] Vgl. Eisele [2009], S. 180.

Die Rangfolgehierarchie der Bewertungsmaßstäbe orientiert sich an der Zuverlässigkeit und Genauigkeit der Unternehmensbewertung sowie Unternehmensart und Unternehmenssituation. Die Definition der Rangfolge ist dem § 11 BewG zu entnehmen. Nicht gesetzlich eindeutig definiert ist das Verhältnis des vereinfachten Ertragswertverfahrens zum individuellen Ertragswertverfahren. Im § 199 BewG wird nur ausgesagt, dass das vereinfachte Ertragswertverfahren für die Ermittlung des gemeinen Wertes angewendet werden kann, wenn dies nicht zu offensichtlichen unzutreffenden Ergebnissen führt. Diese "Kann- Formulierung" zeigt, dass es sich um ein Wahlrecht handelt. Diese Wahlfreiheit wird im Abschnitt 19 Abs. 6 und 7 BewErl etwas eingeschränkt. In diesem Abschnitt wird dargestellt, dass der Steuerpflichtige oder das Finanzamt eine Feststellungslast für die Ermittlung eines abweichenden Wertes hat, falls vom vereinfachten Verfahren abgewichen wird. Demnach räumt der Gesetzgeber dem vereinfachten Ertragswertverfahren eine höhere Priorität gegenüber dem individuellen Verfahren ein. Sicherlich ist bei dem normierten vereinfachten Ertragswertverfahren auch der Verwaltungsaufwand beim Finanzamt geringer. Nach der Auffassung von Creutzmann wird der Steuerpflichtige und seine Berater voraussichtlich eine Vielzahl von Bewertungen durchführen und die jeweils steueroptimale Bewertungsmethode bei der Finanzverwaltung durchsetzten wollen.[39]

2.3.3 Entscheidungsbaum zur Bewertungshierarchie

Aus den bisherigen Ausführungen über die Hierarchie der Bewertungsverfahren wurde der Entscheidungsbaum in Abbildung 1 entwickelt. Der Steuerpflichtige kann dabei für seinen individuellen Fall den Zwang zu einem bestimmten Verfahren erkennen. Die Klarheit der Darstellung und die Eindeutigkeit der Abgrenzung ist in den Ausführungen der Gesetze und Ländererlasse nicht vorhanden. Dennoch lässt sich durch die klare Gliederung im Entscheidungsbaum auch nicht die wichtige Frage klären, wann genau andere anerkannte Methoden marktüblich und somit anzuwenden sind und wann der Bereich der offensichtlichen Unrichtigkeit bei der Anwendung des vereinfachten Ertragswertverfahrens tatsächlich beginnt.

[39] Vgl. Creutzmann [2009], S. 2790.

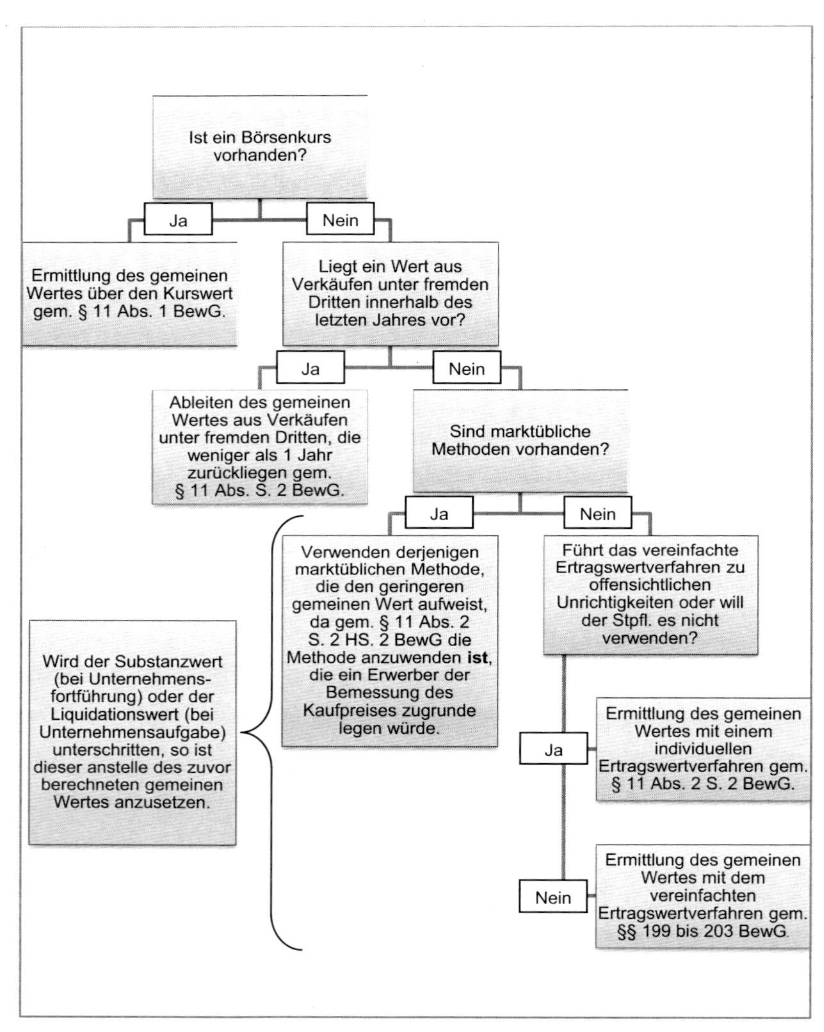

Abbildung 1: Entscheidungsbaum zur Bewertungshierarchie (Quelle: eigene Darstellung)

3. Bewertungsmethoden im Erbschaftsteuerrecht

Die klassische Unternehmenstheorie unterscheidet, hinsichtlich des Vorgehens bei der Bewertung, zwischen

- Einzelbewertungsverfahren und
- Gesamtbewertungsverfahren, sowie daraus abgeleitete
- kombinierte Bewertungsverfahren.[40]

Zu den Einzelbewertungsverfahren gehört der Liquidationswert bei Zerschlagung und der Substanzwert bei Fortführung des Unternehmens. Die Einzelbewertungsverfahren orientieren sich an dem Schema der Bilanz und zeichnen sich dadurch aus, dass sie die Aktiva und Passiva einzeln bewerten.[41]

Zu den Gesamtbewertungsverfahren gehören die Discounted Cash Flow-Verfahren, die Ertragswertverfahren, wie IDW S 1 und AWH-Standard, als auch das Multiplikatorverfahren.[42] Die Gesamtbewertungsverfahren lassen sich weiterhin in gesamtbewertungsorientierte Vergleichsverfahren und finanzwirtschaftliche Verfahren unterteilen. Letztere greifen auf die Erkenntnisse der Finanzierungs- oder Investitionstheorie zurück und lassen sich deshalb in investitionstheoretische und finanzierungstheoretische Bewertungsverfahren untergliedern. Die Finanzierungstheorie sieht den Unternehmenswert, in Anlehnung an das Shareholder Value-Konzept, als einen objektiven Marktwert, der im Sinne der Unternehmenseigner maximiert werden soll.[43] Zu den finanzierungstheoretischen Verfahren zählen die DCF-Verfahren nach dem WACC-, APV- und Equity-Ansatz.[44] Die marktorientierte Sicht der Finanzierungstheorie berücksichtigt allerdings nicht den Unterschied zwischen Wert und Preis eines Unternehmens.[45] Denn der Wert eines Unternehmens ist für jeden Käufer individuell und drückt sich durch den Nutzen aus, den der Erwerber sich mit dem Bewertungsobjekt im Hinblick auf andere Vergleichsobjekte verspricht. Demnach kann es keinen "Wert an sich" sondern nur einen "Wert für jemanden" geben.[46] Folglich gibt es keinen "wahren" objektiven Unternehmenswert für jedermann.[47] Die Investitionstheorie dient hingegen der Entscheidungsfindung in einem unvollkommenen, also realen, Markt und zielt darauf ab, Zahlungsströme unter wirtschaftlichen Aspekten vergleichen zu können. Die Investitionstheorie basiert auf dem zentralen Schema des Kapitalwertes und bezieht, im Gegensatz zur Finanzierungstheorie, die individuellen Aspekte des Erwerbers in das Be-

---

[40] Vgl. Matschke; Brösel [2005], S. 102 f.
[41] Vgl. Ballwieser [2008], S. 10.
[42] Vgl. Eisele [2009], S. 184.
[43] Vgl. Hering [2006], S. 153.
[44] Vgl. Matschke; Brösel [2005], S. 105.
[45] Vgl. Hering [2006], S. 153.
[46] Vgl. Matschke; Brösel [2005], S. 6.
[47] Vgl. Hering [2006], S. 153.

wertungskalkül ein.[48] Zu den investitionstheoretischen Verfahren gehören die Zukunftserfolgswert- bzw. Ertragswertverfahren.[49] Die Ertragswertberechnung nach IDW S 1 stellt eine spezielle Variante dar, da sie auf dem Konzept des objektivierten Unternehmenswertes beruht. Dabei werden beispielsweise echte Synergieeffekte vernachlässigt und die persönliche Einkommensteuer erfasst.[50]
Das Multiplikatorverfahren zählt zu den gesamtbewertungsorientierten Vergleichsverfahren und versucht, den Unternehmenswert über branchenbezogene Umsatz-, Gewinn- oder Cash Flow- Multiplikatoren vergleichbarer Unternehmungen abzuleiten.[51]

Bei den kombinierten Bewertungsverfahren werden Elemente der Einzelbewertung mit denen der Gesamtbewertung verbunden. Zu dieser Gruppe gehörte z.B. das Stuttgarter Verfahren, dass die Finanzverwaltung als Schätzverfahren entwickelt hatte.[52]

3.1 Wertableitung aus Verkäufen

Alle Wertpapiere und Schuldbuchforderungen, die am Bewertungsstichtag an einer deutschen Börse zum Handel oder im regulierten Markt zugelassen sind, werden mit dem niedrigsten am Stichtag notierten Kurs bewertet.[53] Sollte am Bewertungsstichtag kein Börsenkurs vorliegen, so ist der letzte innerhalb von 30 Tagen vor dem Stichtag börsennotierte Kurs maßgeblich.[54] In Ausnahmefällen kann es dazu kommen, dass insbesondere bei Familien- Aktiengesellschaften die stimmrechtslosen Vorzugsaktien börsennotiert sind und die stimmberechtigten Stammaktien an der Börse nicht eingeführt werden, sondern dem Besitz der Familie vorbehalten bleiben.[55] In einem BFH-Urteil vom 9.3.1994 wurde entschieden, dass in einem solchen Szenario der gemeine Wert der nicht an der Börse notierten Stammaktien grundsätzlich vom Börsenkurs der Vorzugsaktien abzuleiten ist und unterschiedlichen Ausstattungsmerkmale zwischen den Stamm- und Vorzugsaktien mit werterhöhenden Zuschlägen oder wertmindernden Abschlägen entgegenzuwirken sind.[56] Die Finanzverwaltung ist der Auffassung des BFH nachgekommen und sieht demnach in Abschnitt 2 Abs. 4 S. 1 BewErl vor, dass sowohl bei nicht börsennotierten Vorzugsaktien als auch bei jungen Aktien der gemeine Wert aus den Stammaktien ableitbar ist. Analog dazu ist gem. Abschnitt 2 Abs. 4 S. 3 BewErl ebenfalls der gemeine Wert nicht notierter Stammaktien aus dem Kurswert der jungen Aktien bzw. Vorzugsaktien abzuleiten. Weiterhin ist, wie im BFH-

[48] Vgl. Matschke; Brösel [2005], S. 104.
[49] Vgl. Matschke; Brösel [2005], S. 103.
[50] Vgl. Ballwieser [2008], S. 9.
[51] Vgl. Matschke; Brösel [2005], S. 105.
[52] Vgl. Eisele [2009], S. 182 f.
[53] § 11 Abs. 1 S. 1 BewG.
[54] § 11 Abs. 1 S. 2 BewG.
[55] Vgl. Piltz [2009], S. 1830.
[56] Vgl. BFH vom 09.03.1994, II R 39/90, BStBl. II 1994, S. 394.

Urteil ausgeführt, der unterschiedlichen Ausstattung durch Zu- und Abschläge Rechnung zu tragen.[57]
Wenn keine Börsennotierung vorliegt, ist der gemeine Wert rechtsformunabhängig i.S.d. § 11 Abs. 2 S.1 und 2 i.V.m. § 95 ff. BewG aus Verkäufen unter fremden Dritten, die weniger als ein Jahr zurückliegen, abzuleiten. Der Bewertungserlass klärt jedoch nicht, wann die Voraussetzung eines fremden Dritten erfüllt ist. Keine fremde Dritte sind unzweifelhaft Kinder und Eltern. Aber inwieweit entfernte Familienangehörige, wie Neffen und Nichten, die Erfordernis des fremden Dritten erfüllen, wird vom Gesetzgeber nicht geregelt. Es ist davon auszugehen, dass in solchen Fällen differenziert vorzugehen ist. So wird beispielsweise ein kinderloser Erblasser, der Anteile an seinen Neffen und potenziellen Nachfolger verkauft, die Voraussetzung des fremden Dritten nicht erfüllen, wenn der Verkaufspreis vom Marktwert wesentlich abweicht. Sollte hingegen die Beziehung und der Verkauf zwischen dem Erblasser und dem Neffen rein geschäftlich geprägt sein und demnach keine Differenz zwischen Kaufpreis und Marktwert vorliegen, so würde schon ein Verkauf unter fremden Dritten vorliegen.[58]
Eine ähnliche Frage ergibt sich, wenn Gesellschafter untereinander Anteile verkaufen. So könnte die alleinige Verbindung durch den Gesellschaftervertrag dazu führen, dass die Voraussetzungen des fremden Dritten nicht erfüllt sind und ein Verkauf nicht als Bewertungsmaßstab herangezogen werden kann. Es wäre jedoch zu stringent ausgelegt, wenn eine gesellschaftsrechtliche Verbindung kategorisch die Erfordernis des fremden Dritten bei Verkäufen i.S.d. § 11 Abs. 2 S. 1 und 2 nicht erfüllt. Denn wenn der Verkaufspreis von Anteilen unter Gesellschaftern dem Marktwert entspricht und beispielweise einer gutachterlichen Überprüfung mit einem Ertragswertverfahren standhält, sollte auch ein solcher Verkauf für die Ableitung des gemeinen Wertes verwendet werden können.[59] Diese Auffassung dürfte der Gesetzgeber ebenfalls vertreten, da er in Abschnitt 3 Abs. 1 S. 4 BewErl dem Steuerpflichtigen gestattet, die Ausgabe neuer Geschäftsanteile im Rahmen einer Kapitalerhöhung an neue Gesellschafter zur Wertableitung aus Verkäufen i.S.d. § 11 Abs. 2 S. 2 BewG heranzuziehen. Weiterhin ermöglicht die Finanzverwaltung dem Gesetzesanwender in Abschnitt 3 Abs. 1 S. 3 BewErl, dass auch ein einziger Verkauf eines Anteils dem Gesetzeswortlaut "Verkäufe" in § 11 Abs. 2 S. 2 BewG gleichgestellt ist. Dies ist jedoch nicht möglich, wenn dieser einzige Verkauf nur ein Zwerganteil ist oder der zu bewertende Anteil auch nur ein Zwerganteil ist.[60] Diese Anschauung der Finanzverwaltung ist grundsätzlich richtig, da beispielsweise aus dem Wert eines Zwerganteils nicht der Wert eines Großanteils ableitbar ist. Insbesondere kann kein kleinerer oder größerer Anteil aus

---

[57] Abschnitt 2 Abs. 4 S. 3 BewErl.
[58] Vgl. Piltz [2009], S. 1830 f.
[59] Vgl. Piltz [2009], S. 1831.
[60] Abschnitt 3 Abs. 1 S. 3 BewErl.

dem Verkauf einer " goldenen Aktie" oder eines Großanteils abgeleitet werden, wenn dieser zu einer Stimmrechtsmehrheit führt.[61] In diesem Zusammenhang hat der Gesetzgeber in § 11 Abs. 3 BewG normiert, dass Paketzuschläge vorzunehmen sind, wenn eine bestimmte Anzahl von Anteilen mehr wert sind als einzelne Anteile und beispielsweise zur Beherrschung der Gesellschaft führen. Diese Norm ist gem. Abschnitt 7 Abs. 2 S. 1 BewErl bei Kurswerten und Ableitungen aus Verkäufen einschlägig. So kann es dazu führen, dass ein 49% Anteil für 49 GE verkauft wird und der innerhalb eines Jahres vererbte 51% Anteil mit Paketzuschlag z.B. 60 GE anstatt 51 GE wert ist. [62] Im umgekehrten Fall ist analog dazu gem. Abschnitt 3 Abs. 1 S. 7 BewErl der Paketzuschlag herauszurechnen. Weiterhin ordnet der Gesetzgeber in Abschnitt 7 Abs. 3 BewErl an, dass ein Paketzuschlag zwingend vorzunehmen ist, wenn der Gesellschafter mehr als 25% der Anteile an einen oder mehrere Erwerber überträgt, dabei kann der Zuschlag gem. Abschnitt 7 Abs. 9 S.1 BewErl ebenfalls bis zu 25% betragen und im Einzelfall i.S.d. Abschnitt 7 Abs. 9 S. 2 BewErl auch höher ausfallen. Dem Steuerpflichtigen steht es natürlich frei, diese strikten Grenzen, ungeachtet eines zu bewertenden Anteils über 25%, als ungerechtfertigt zu widerlegen. So wäre beispielsweise ein Paket von 26% der Anteile nicht zuschlagsfähig, wenn die anderen Anteile sich bei einem einzigen Mehrheitsgesellschafter befinden.[63]
Der § 11 Abs. 3 BewG sieht vor, dass ein möglicher Paketzuschlag für alle Bewertungsverfahren i.S.d. § 11 Abs. 1 und 2 BewG anzuwenden ist. Diese allgemeine Aussage wird jedoch im Abschnitt 7 Abs. 2 S. 2 BewErl insofern relativiert, dass bei einem Ertragswertverfahren, bei anderen anerkannten, für nicht steuerliche Zwecke übliche Methoden, sowie bei dem vereinfachten Ertragswertverfahren ein Paketzuschlag nur vorzunehmen ist, wenn bei der Wertermittlung die Zuschläge für ein Paket noch nicht berücksichtigt wurden. Da bei den Verfahren allerdings eine Gesamtbewertung des Unternehmens durchgeführt wird, ist davon auszugehen, dass eine Paketzuschlag noch nicht in die Wertermittlung eingegangen ist und somit gesondert ein Zuschlag erfolgen muss.[64] Weiterhin schreibt die Finanzverwaltung im Abschnitt 7 Abs. 2 S. 3 BewErl vor, dass bei dem vereinfachten Ertragswertverfahren in der Regel kein Paketzuschlag anzuwenden ist. Da aber das vereinfachte Ertragswertverfahren, ungeachtet seiner schematischen und starren Vorgehensweise, dennoch ein Spezialfall der vollen Ertragswertverfahren darstellt, hätte man bezüglich des Paketzuschlages eine Gleichbehandlung vertreten können.[65]
Des Weiteren ist zu hinterfragen, ob bei der Ermittlung des gemeinen Wertes eine Abweichung vom Verkaufspreis möglich ist, sofern sich der Anteilswert in der Zeit zwi-

---

[61] Vgl. Piltz [2009], S. 1831.
[62] Vgl. Abschnitt 7 Abs. 2 S. 1 und Abs. 3 BewErl.
[63] Vgl. Piltz [2009], S. 1831.
[64] Vgl. Piltz [2009], S. 1831.
[65] Vgl. Piltz [2009], S. 1831.

schen Verkauf und Stichtag geändert hat. Bei genauer Gesetzesauslegung des Wortlauts "ableiten" i.S.d. § 11 Abs. 2 S. 2 müsste eine solche Abweichung möglich sein, da der Kaufpreis als Bewertungsmaßstab lediglich abgeleitet und nicht einfach übernommen wird. Die Beweispflicht liegt bei einer Abwertung beim Steuerpflichtigen und bei einer Aufwertung bei dem Finanzamt.[66]

3.2 Ertragswertverfahren

3.2.1 Bewertungsverfahren nach IDW S 1

Unabhängig von der Erbschaftsteuer wird bei der allgemeinen Unternehmensbewertung am häufigsten die Ertragswertmethode nach IDW S 1 angewendet.[67]
Der IDW Standard beinhaltet die Grundsätze zur Durchführung von Unternehmensbewertungen und wird vom deutschen Institut der Wirtschaftsprüfer herausgegeben. Die letzte Überarbeitung erfolgte nach der Unternehmenssteuerreform 2008 und wurde am 02.04.2008 mit dem IDW S 1 in der Fassung 2008 veröffentlicht.[68]
Das Ertragswertverfahren berücksichtigt alle spezifischen, betriebswirtschaftlichen Unternehmensfaktoren für die Ermittlung eines marktpreisgerechten gemeinen Wertes. Dabei werden explizit die Finanzierungsstruktur des Unternehmens, kapitalmarktspezifische Gegebenheiten, sowie Branchen- und Unternehmensentwicklungen berücksichtigt.[69]
Neben der normalen Ertragswertmethode bietet IDW S 1 auch DCF-Verfahren mit seinen verschiedenen Varianten für die Unternehmenswertermittlung an.[70]
Da beide Verfahren grundsätzlich nach dem gleichen Konzept - Ermittlung des Barwertes zukünftiger finanzieller Überschüsse - vorgehen, führen beide Methoden bei identischen Bewertungsannahmen zu gleichen Unternehmenswerten.[71]

3.2.1.1 Discounted Cash Flow-Verfahren nach IDW S 1

Beim Discounted Cash Flow-Verfahren wird der Unternehmenswert durch die Diskontierung der Zahlungsmittelüberschüsse auf den Bewertungsstichtag bestimmt. Diese international anerkannte Methode hat den Nachteil der teilweise komplexen Prognose über den zukünftigen freien Cash Flow.[72] Cash Flows sind die erwarteten zukünftigen Zahlungen an die Kapitalgeber. Je nach dem Berechnungskonzept unterscheidet man verschiedene Varianten. Beim Konzept der gewogenen Kapitalkosten (WACC-Ansatz) und dem Konzept des angepassten Barwerts (APV-Ansatz) wird von einer Bruttokapi-

---

[66] Vgl. Piltz [2009], S. 1831.
[67] Vgl. Eisele [2009], S. 187.
[68] Vgl. IDW S 1 i.d.F. 2008 [2008], S.1.
[69] Vgl. Bachmann; Widmann [2009], S. 111.
[70] Vgl. IDW S 1 i.d.F. 2008 [2008], S. 21.
[71] Vgl. IDW S 1 i.d.F. 2008 [2008], S. 22.
[72] Vgl. Wiehle et al. [2008], S. 44.

talisierung ausgegangen. Dabei ergibt sich der Marktwert des Eigenkapitals indirekt als Differenz aus einem Gesamtkapitalwert und dem Marktwert des Fremdkapitals. Beim Konzept der direkten Ermittlung des Eigenkapitalwertes, dem sogenannten Equity-Ansatz wird der Eigenkapitalmarktwert durch Diskontierung der, um die Fremdkapitalkosten verringerten, Cash Flows mit der Rendite des Eigenkapitals ermittelt. Dieses Konzept geht von einer Nettokapitalisierung aus.[73] Bei identischen Annahmen stimmen die Ergebnisse der einzelnen Verfahren trotz unterschiedlicher Berechnungsmethoden überein.[74] Der Gesamtunternehmenswert setzt sich aus dem Barwert der zukünftigen Cash Flows und dem nicht betriebsnotwendigen Vermögen zusammen. Das nicht betriebsnotwendige Vermögen ist getrennt zu berechnen.[75]

3.2.1.2 Ertragswertverfahren nach IDW S 1

Die Ermittlung eines objektivierten Unternehmenswertes erfolgt nach IDW S 1 durch Diskontierung der, den Unternehmenseignern künftig zufließenden, finanziellen Überschüsse.[76] Die Vorgehensweise nach IDW sieht vor, dass zuerst die Vergangenheitserfolgsrechnung bereinigt wird, z.B. durch die Herausnahme der Aufwendungen und Erträge des nicht betriebsnotwendigen Vermögens.[77] Eine Analyse der Unternehmensrechtsgrundlage, der Märkte und Produkte, der finanziellen Ergebnisse und deren Einflussfaktoren, sowie der Stärken und Schwächen des Unternehmens liefert die Basis für die Plandaten der Zukunft.[78] Weiterhin sind die Vergangenheitswerte um außerordentliche oder nicht periodengerechte Erträge und Aufwendungen, um Aufwände und Erträge für nicht betriebsnotwendiges Vermögen, sowie um personenbezogene Einflüsse zu bereinigen.[79] Die Prognose der Aufwendungen und Erträge erfolgt für verschiedene Planungsphasen. Ballwieser unterscheidet zwei Hauptphasen. Die erste endliche Phase folgt unmittelbar dem Bewertungszeitpunkt und die zweite Phase ist weiter entfernt und unendlich lang.[80] Das Zwei-Phasenmodell sagt aus, dass die Entwicklung des Unternehmens in der ersten Planperiode relativ sicher und genau prognostiziert werden kann. In der zweiten Phase geht man von unsicheren Trendentwicklungen aus, die man langfristig, bei unendlicher Lebensdauer des Unternehmens, fortschreibt. Entsprechend diesem Ansatz unterteilt sich der Gesamtertragswert (EW_0) in den Barwert der Detailplanungsperiode und dem Barwert der ewigen Rente. Demnach ergibt sich formal:[81] $EW_0 = \sum_{t=1}^{T} \frac{X_t}{(1+i)^t} + \sum_{T+1}^{\infty} \frac{X}{(1+i)^t}$.

[73] Vgl. IDW S 1 i.d.F. 2008 [2008], S. 25.
[74] Vgl. IDW S 1 i.d.F. 2008 [2008], S. 25.
[75] Vgl. IDW S 1 i.d.F. 2008 [2008], S. 26.
[76] Vgl. Eisele [2008], S. 188.
[77] Vgl. IDW S 1 i.d.F. 2008 [2008], S. 22.
[78] Vgl. Ballwieser [2008], S. 16.
[79] Vgl. IDW S 1 i.d.F. 2008 [2008], S. 22.
[80] Vgl. Ballwieser [2008], S. 59.
[81] Vgl. Hommel; Dehmel [2009], S. 35 f.

Für die Ertragsüberschussrechnung werden die Daten aus der GuV-Rechnung nach dem Gesamtkosten- oder Umsatzkostenverfahren verwendet. Um die erforderlichen Nettoerträge zu erhalten, sind auch die Ertragssteuern zu berücksichtigen.[82] Aus diesen Angaben ist erkennbar, dass die zu bewertenden Unternehmen bei Verwendung der IDW- Ertragswertmethode über detaillierte Planungsrechnungen verfügen müssen. So wird sich die Anwendung auf größere Unternehmen oder komplexe Bewertungen beschränken.[83] Auch werden die Zusatzkosten für die Gutachtenerstellung beim Verfahren nach IDW S 1 bei der Methodenwahl eine Rolle spielen.[84]

3.2.1.3 Kapitalisierungszinssatz

Beim individuellen Ertragswertverfahren wird dem Bewerter keine konkrete und pauschalisierte Vorgabe des Kapitalisierungszinssatzes durch den Gesetzgeber aufgezwungen. Die Höhe des Zinssatzes richtet sich nach der individuellen Unternehmenssituation und den Marktgegebenheiten.
Mit dem Kapitalisierungszinssatz werden die zukünftigen jährlichen Überschüsse auf den Bewertungsstichtag abgezinst. Bei einer Investition könnte so der Käufer den errechneten Wert mit einer Anlagealternative vergleichen.[85] Bei diesem Vergleich muss die Äquivalenz bei der Laufzeit, dem Risiko und der Steuerbelastung gegeben sein.[86] Die Barwertsumme ist entscheidend von der Höhe des Kapitalisierungszinssatzes abhängig.[87] Der Zinsfuß hat bei der Berechnung des gemeinen Wertes eine Hebelwirkung. Kleine Veränderungen des Prozentsatzes führen zu starken Ausschlägen.[88] "Der Zinsfuß ist der sensibelste Parameter im Rahmen der Unternehmenswertermittlung und steht deshalb häufig im Zentrum gerichtlicher Auseinandersetzungen."[89] Der Kapitalisierungszinssatz setzt sich zusammen aus dem Basiszinssatz sowie einem Risikozuschlag.[90] Bei dieser sogenannten Zuschlagsmethode wird die Unsicherheit der künftigen finanziellen Überschüsse nicht durch einen Abschlag vom Erwartungswert abgedeckt, sondern durch einen Zuschlag zum Kapitalisierungszinssatz.[91]
Da bei der Ermittlung des gemeinen Wertes entsprechend § 9 BewG die persönlichen Verhältnisse der beteiligten Personen nicht berücksichtigt werden dürfen, entfällt bei dieser Zinsberechnung die Berücksichtigung von persönlichen Ertragssteuern.[92] Für die zweite Planungsphase können gegebenenfalls Wachstumsabschläge angesetzt

---

[82] Vgl. Ballwieser [2008], S. 24.
[83] Vgl. Schmidt [2008], S. 243.
[84] Vgl. Bachmann; Widmann [2009], S. 111.
[85] Vgl. IDW S 1 i.d.F. 2008 [2008], S. 23.
[86] Vgl. Ballwieser [2008], S. 82.
[87] Vgl. Matschke; Brösel [2005], S. 523.
[88] Vgl. Hachmeister; Wiese [2009], S. 55.
[89] Hachmeister; Wiese [2009], S. 55.
[90] Vgl. Eisele [2009], S. 186.
[91] Vgl. IDW S 1 i.d.F. 2008 [2008], S. 19.
[92] Vgl. Bachmann; Widmann [2009], S. 130.

werden.[93] Abschläge können beispielsweise mit dem Titel "Inflation und Erweiterungsinvestition aus Thesaurierungen" begründet werden.[94]
Der Basiszins entspricht einer Vergleichsrendite einer langfristigen risikofreien Anlage, z.B. einer Bundesanleihe mit 10 Jahren Laufzeit.[95] Zu Beginn des Jahres 2009 wurde entsprechend der Zinsstrukturkurve der Deutschen Bundesbank ein Basiszinssatz von 4,25% berechnet.[96]
Da die zukünftigen Erträge risikobehaftet sind, wird der Basiszinssatz um einen Risikofaktor erweitert. Die spezifische Risikostruktur der Unternehmen wird durch externe und interne Einflüsse, z.B. Standort, Umwelt, Branche, Kapitalstruktur, Kundenabhängigkeit und Produkte beeinflusst. Für die Bewertung dieser Faktoren und Transformation in einen Zinszuschlag sind marktgestützte Berechnungsverfahren zu verwenden.[97]
Eine einfache Bestimmungsgleichung für den Risikozuschlag ist das Capital Asset Pricing Model. Der Zuschlag orientiert sich an dem allgemeinen Marktrisiko und dem spezifischen Unternehmensrisiko. Ex Post-Schätzungen aus den Kapitalmarktdaten können benutzt werden, um Zinsdaten zu ermitteln. Eine Alternative zur Ableitung aus Vergangenheitsdaten ist die Entwicklung vom marktimplizierten Risikozuschlägen; das sogenannte Ex Ante-Modell.[98]
Der unternehmensbezogene Risikofaktor wird durch den Betafaktor abgebildet. Der Betafaktor ist die Kovarianz zwischen der Aktienrendite des Unternehmens zum Vergleichswert eines Indexes, dividiert durch die Varianz der Indexrenditen.[99]
Je höher der Betafaktor, desto größer ist die Volatilität und folglich das Risiko. Betafaktoren können je nach Branche auch für nicht börsennotierte Unternehmen ermittelt werden. Da der Betafaktor direkt in die Berechnung des Marktrisikozinssatzes einfließt, verändern sich dadurch die Kapitalkosten und, in Folge dessen, auch der Unternehmenswert.[100]
Hachmeister/ Wiese kommen nach einer Studie von diversen Gerichtsurteilen zu der Feststellung, dass durchschnittliche Marktrisikoprämien von 4 - 6% grundsätzlich verwendet werden können. Die Risikoprämie ist stark von dem Ermessen des Bewerters abhängig, da er das höchste unternehmensspezifische Wissen hat.[101]

[93] Vgl. IDW S 1 i.d.F. 2008 [2008], S. 20.
[94] Vgl. Hachmeister; Wiese [2009], S. 57.
[95] Vgl. Wiehle et al. [2008], S. 22.
[96] Vgl. Balz; Bordermann [2009], S. 77.
[97] Vgl. IDW S 1 i.d.F. 2008 [2008], S. 19.
[98] Vgl. Ballwieser [2008], S. 93 f.
[99] Vgl. IDW S 1 i.d.F. 2008 [2008], S. 26.
[100] Vgl. Wiehle et al. [2008], S. 23.
[101] Vgl. Hachmeister; Wiese [2009], S. 60.

3.2.2 Ertragswertverfahren nach AWH-Standard

Der Zentralverband des deutschen Handwerks hat, auf der Basis einer Ausarbeitung der Arbeitsgemeinschaft der wertermittelnden Betriebsberater im Handwerk, den AWH-Standard veröffentlicht. Die Arbeitsgemeinschaft hat dabei das normale Ertragswertverfahren den Möglichkeiten und Zielsetzungen der kleinen und mittelständischen Gewerbebetrieb angepasst. So wird beispielsweise auf mittel- und langfristige Unternehmensplanungen verzichtet. Basis der Ermittlung des Unternehmenswertes sind die steuerlichen Jahresabschlüsse der zurückliegenden 3-5 Jahre. Diese Ergebnisse werden um Sondereinflüsse korrigiert und dann in die zukünftigen Jahre projiziert. Der Kapitalisierungszinssatz kann, wie beim normalen Ertragswertverfahren, individuell ermittelt werden. So kann z.B. das Kriterium der Inhaberabhängigkeit bei kleineren Personengesellschaften so bedeutsam sein, dass eine Berücksichtigung dieses Faktors im Zins- Risikozuschlag angemessen ist.[102]

3.2.3 Vereinfachtes Ertragswertverfahren

Das vereinfachte Ertragswertverfahren orientiert sich methodisch an den individuellen Ertragswertverfahren und ist in §§ 199-203 BewG normiert.[103] Zur Ermittlung des gemeinen Werts wird der zukünftig nachhaltig erzielbare Jahresertrag mit dem Kapitalisierungsfaktor multipliziert.[104] Bei der Ermittlung des zukünftigen Jahresertrags wird bei dem vereinfachten Ertragswertverfahren, im Gegensatz zu den individuellen Ertragswertverfahren, auf tatsächlich erzielte Durchschnittserträge der Vergangenheit gem. § 201 Abs. 1 S. 2 BewG zurückgegriffen.

In § 200 BewG ist die grundsätzliche Systematik des vereinfachten Ertragswertverfahrens festgelegt. Demnach setzt sich der gemeine Wert des Unternehmens aus den vier, in Tabelle 1 dargestellten, Bestandteilen zusammen.

Wertermittlung nach dem vereinfachten Ertragswertverfahren gem. § 200 BewG	
	Vereinfacht ermittelter **Ertragswert des betriebsnotwendigen Vermögens**
+	**Gemeiner Wert des nicht betriebsnotwendigen Vermögens** abzüglich der mit diesem in wirtschaftlichem Zusammenhang stehenden Schulden (§ 200 Abs. 2 BewG)
+	**Gemeiner Wert von Beteiligungen** (§ 200 Abs. 3 BewG)
+	**Gemeiner Wert der jungen Wirtschaftsgüter** abzüglich der mit diesen in wirtschaftlichen Zusammenhang stehenden Schulden (§ 200 Abs. 4 BewG)
=	**Wert des Betriebsvermögens nach dem vereinfachten Ertragswertverfahren**

Tabelle 1: Wertermittlung nach dem vereinfachten Ertragswertverfahren
(Quelle: eigene Darstellung in Anlehnung an Bachmann; Widmann [2009], S. 113)

[102] Vgl. Eisele [2009], S. 186.
[103] Vgl. Preißer; Hegemann; Seltenreich [2009], S.106.
[104] § 200 Abs. 1 BewG.

Eine Ermittlung des gemeinen Werts nach IDW S 1 sieht, im Vergleich zum vereinfachten Ertragswertverfahren, nur eine getrennte Wertermittlung des betriebsnotwendigen und des nicht betriebsnotwendigen Betriebsvermögens vor. Der Tabelle 1 lässt sich entnehmen, dass bei dem vereinfachten Ertragswertverfahren noch zusätzlich die gemeinen Werte von Beteiligungen und jungen Wirtschaftsgüter gesondert erfasst werden. Dies ist darauf zurückzuführen, dass bei der konzeptionell bedingten Fortschreibung vergangener Ergebnisbeiträge keine wirklichkeitsnahe Wertermittlung dieser Vermögensgegenstände möglich ist. Bei der Wertermittlung nach IDW S 1 kann hingegen eine realitätsnahe zukünftige Entwicklung der Ergebnisbeiträge von jungen Wirtschaftsgütern und Beteiligungen durch die Planrechnungen im Ertrag berücksichtigt werden.[105]

Unter nicht betriebsnotwendigem Vermögen sind Wirtschaftsgüter und mit diesen im wirtschaftlichen Zusammenhang stehende Schulden zu verstehen, die aus dem zu bewertenden Unternehmen herausgelöst werden können, ohne die eigentliche Unternehmenstätigkeit zu beeinträchtigen. Die Wirtschaftsgüter und Schulden des nicht betriebsnotwendigen Vermögens sind neben dem Ertragswert eigenständig zu ermitteln und gesondert mit dem gemeinen Wert anzusetzen.[106] Denn die Ertragsfähigkeit des Unternehmens wird nicht durch diese Vermögensgegenstände beeinflusst.[107] Außerdem sind die Erträge und Aufwendungen, die mit den nicht betriebsnotwendigen Wirtschaftsgütern und Schulden in Zusammenhang stehen, bei der Ermittlung des nachhaltig erzielbaren Jahresertrag zu neutralisieren.[108] Typische Beispiele für nicht betriebsnotwendiges Betriebsvermögen sind betrieblich nicht genutzter Grundbesitz oder Kunstgegenstände.[109]

Ähnliches gilt für Beteiligungen an anderen Gesellschaften. Hier muss aber zunächst unterschieden werden, ob die Beteiligung zum betriebsnotwendigen oder nicht betriebsnotwendigen Vermögen gehört. Ungeachtet der Betriebsnotwendigkeit müssen alle Erträge, die mit den Beteiligungen in Zusammenhang stehen, bei der Ermittlung des nachhaltigen Jahresertrags neutralisiert werden.[110] Für die Behandlung der Aufwendungen, die mit der Beteiligung in Zusammenhang stehen, muss auf die Unterscheidung bezüglich der Betriebsnotwendigkeit geachtet werden. Für nicht betriebsnotwendige Beteiligungen ist wieder der § 200 Abs. 2 BewG einschlägig und somit sind die, im Zusammenhang stehenden, Aufwendungen bei der Berechnung des zukünftig nachhaltigen Jahresertrags zu eliminieren.[111] Handelt es sich hingegen um betriebsnotwendige Beteiligungen, so werden diese Aufwände bei der Ermittlung des nachhal-

[105] Vgl. Bachmann; Widmann [2009], S. 113.
[106] § 200 Abs. 2 BewG.
[107] Vgl. Mannek [2008], S. 424.
[108] Vgl. § 200 Abs. 2 BewG i.V.m. § 202 Abs. 1 S. 2 Nr. 1 f) und Nr. 2 f) BewG.
[109] Vgl. Preißer; Hegemann; Seltenreich [2009], S.107.
[110] Vgl. § 200 Abs. 3 BewG i.V.m. § 202 Abs. 1 S. 2 Nr. 2 f) BewG.
[111] Vgl. § 200 Abs. 2 BewG i.V.m. § 202 Abs. 1 S. 2 Nr. 1 f) BewG.

tigen Jahresertrags nicht korrigiert.[112] Letztendlich wird aber in beiden Fällen der gemeine Wert der jeweiligen Beteiligung i.S.d. § 200 Abs. 3 BewG dem Ertragswert des Unternehmens hinzugerechnet.
Weiterhin sind i.S.d. des § 200 Abs. 4 alle innerhalb von 2 Jahren vor dem Bewertungsstichtag eingelegten Wirtschaftsgüter und, mit diesen in Zusammenhang stehenden, Schulden gesondert mit dem eigenständig zu ermittelnden gemeinen Wert anzusetzen. Ebenfalls sind auch hier die entsprechenden Erträge und Aufwendungen, die mit den jungen Wirtschaftgütern in Zusammenhang stehen, beim jeweiligen nachhaltigen Jahresertrag herauszunehmen.[113] Der Gesetzgeber versucht dadurch, dem Missbrauch vorzubeugen und begründet diese Maßnahme richtigerweise damit, dass insbesondere junge Wirtschaftsgüter mit einem hohen gemeinen Wert und relativ geringer Rendite nicht hinreichend im Ertragswert abgebildet werden.[114]

3.2.3.1 Ermittlung des zukünftig nachhaltig erzielbaren Jahresertrags

Bei der Bestimmung des zukünftig erzielbaren Jahresertrags greift das vereinfachte Ertragswertverfahren auf, in der Vergangenheit tatsächlich erzielte, Durchschnittserträge gem. § 201 Abs. 1 S. 2 BewG zurück und bricht damit mit dem Grundsatz der Zukunftsbezogenheit.[115] Denn bei einer Ertragswertberechnung nach IDW S 1 werden hingegen die Ergebnisse der Vergangenheit lediglich als Plausibilitätsbeurteilung oder als Grundlage für die Prognose der unternehmerischen Entwicklung verwendet. Somit ist an dieser Stelle schon eindeutig, dass die Wahl zwischen echtem und vereinfachtem Ertragswertverfahren beachtliche Auswirkungen auf den gemeinen Unternehmenswert haben kann.[116]
Der Durchschnittsertrag ist bei dem vereinfachten Ertragswertverfahren aus den Betriebsergebnissen i.S.d. § 4 Abs. 1 EStG bzw. § 4 Abs. 3 EStG der letzten drei vor dem Bewertungsstichtag abgelaufenen Wirtschaftsjahre herzuleiten.[117] Somit ergibt sich zur Bestimmung des zukünftig nachhaltig erzielbaren Jahresertrags (z.n.e.J.) formal:[118]

$$z.n.e.J. = \frac{\sum_{t=-3}^{-1} Betriebsergebnis\ (\S\ 202\ BewG)_t}{3}.$$

Abweichend vom obigen Ermittlungsschema des nachhaltigen Jahresertrags ist gem. § 201 Abs. 2 S. 2 BewG das gesamte Betriebsergebnis eines, am Bewertungsstichtag noch nicht abgelaufenen Wirtschaftsjahres anstelle des drittletzten abgelaufenen Wirtschaftsjahres, einzubeziehen, wenn es für die Herleitung des künftig zu erzielenden Jahresertrags von Bedeutung ist. Wenn der dreijährige Ermittlungszeitraum bei Neu-

[112] Vgl. Abschnitt 20 Abs. 3 S. 6 BewErl.
[113] Vgl. § 200 Abs. 4 BewG i.V.m. § 202 Abs. 1 S. 2 Nr. 1 f) und Nr. 2 f) BewG.
[114] Vgl. BT-Drucksache 16/11107, S. 22 f.
[115] Vgl. Bachmann; Widmann [2009], S. 114.
[116] Vgl. Bachmann; Widmann [2009], S. 115.
[117] § 201 Abs. 2 S. 1 i.V.m. § 202 Abs. 1 S. 1 und Abs. 2 BewG.
[118] Vgl. Bachmann; Widmann [2009], S. 114.

gründung mit einem Rumpfwirtschaftsjahr beginnt, ist nicht das Ergebnis des Rumpfwirtschaftsjahres mit einzubeziehen, sondern das volle Betriebsergebnis des letzten noch nicht abgelaufenen Wirtschaftsjahres.[119] Auch bei diesen beiden Ausnahmen muss die Summe der Betriebsergebnisse durch drei dividiert werden.[120] Weiterhin sieht § 201 Abs. 3 S. 1 BewG einen verkürzten Ermittlungszeitraum vor, wenn sich im Dreijahreszeitraum der Charakter des Unternehmens nach dem Gesamtbild der Verhältnisse nachhaltig verändert hat oder das Unternehmen neu entstanden ist. Weil bei der Anwendung des verkürzten Ermittlungszeitraums stets von zwei Wirtschaftsjahren auszugehen ist, muss die Summe der Betriebsergebnisse, abweichend von § 201 Abs. 2 S. 3 BewG, durch zwei dividiert werden.[121] Wenn das Unternehmen hingegen innerhalb eines Jahres vor dem Bewertungsstichtag gegründet wurde, so ist das vereinfachte Ertragswertverfahren nicht anwendbar.[122] Sollte das Unternehmen andererseits aus Umstrukturierungen, durch Umwandlung oder durch Einbringung von Betrieben oder Teilbetrieben entstanden sein, ist zur Bestimmung des Durchschnittsertrags auf frühere Betriebsergebnisse abzustellen.[123] Frühere Betriebsergebnisse sind dabei zu korrigieren, falls sich Änderungen der Rechtsform auf den Jahresertrag ausgewirkt haben.[124]
Die Finanzverwaltung führt in Abschnitt 21 Abs. 5 BewErl weiterhin aus, falls zum Bewertungsstichtag feststeht, dass der künftige Jahresertrag durch bekannte objektive Umstände sich nachhaltig verändert, so muss dies bei der Ermittlung des Durchschnittsertrags berücksichtigt werden. Dieser objektive Umstand kann z.B. der Tod des Unternehmers sein.[125] Diese Formulierung im Erlass bietet einen gewissen Spielraum zur Gestaltung, da der Begriff "objektiver Umstand" unterschiedlich interpretiert werden kann. So ist beispielsweise davon auszugehen, dass Umwelteinflüsse, wie die aktuelle Finanz- und Wirtschaftskrise, objektive Umstände darstellen und dem Steuerpflichtigen ermöglichen, Zu- oder Abschläge im gewissem Umfang bei dem zukünftig nachhaltigen Betriebsergebnis vorzunehmen.[126] Diese Öffnungsklausel gestattet also, ähnlich wie bei dem echten Ertragswertverfahren, das vergangene durchschnittliche Betriebsergebnis den zukünftigen Entwicklungen anzupassen, wenn diese Umstände zum Bewertungsstichtag bekannt sind. Fraglich bleibt nur, wann genau ein objektiver Umstand vorliegt und wie die Umstände, also in welcher Höhe, im Betriebsergebnis berücksichtigt werden können. Da somit dem Steuerpflichtigen eine große Möglichkeit zur Einflussnahme im sonst starren Verfahren geboten wird, ist zu erwarten, dass diese Klau-

[119] Vgl. Abschnitt 21 Abs. 4 BewErl.
[120] Vgl. § 201 Abs. 2 S. 3 BewG.
[121] Vgl. Abschnitt 21 Abs. 2 BewErl.
[122] Vgl. Abschnitt 21 Abs. 2 S. 2 BewErl.
[123] Vgl. § 201 Abs. 3 S. 2 BewG.
[124] § 201 Abs. 3 S. 3 BewG.
[125] Vgl. Abschnitt 21 Abs. 5 BewErl.
[126] Vgl. Bachmann; Widmann [2009], S. 115.

sel oftmals argumentativ für Gestaltungszwecke verwendet wird und einschlägige Urteile folgen werden.

3.2.3.2 Hinzurechnungen und Kürzungen zum steuerbilanziellen Gewinn

Der Steuerbilanzgewinn eines Unternehmens weist meistens einmalige oder außerordentliche, nicht nachhaltige Erfolgskomponenten aus, die nicht repräsentativ sind.[127] Deshalb muss der Ausgangswert der einzelnen Betriebsergebnisse gem. Abschnitt 22 Abs. 3 S. 1 BewErl korrigiert werden. Die Tabelle 2 gibt einen schematischen Überblick der in § 202 BewG normierten Hinzurechnungen und Kürzungen.

	Ausgangsgröße: Steuerbilanzieller Gewinn nach § 4 Abs. 1 oder 3 EStG (§ 202 Abs. 1 S. 1 oder Abs. 2 BewG)
	Hinzurechnungen
+	Sonderabschreibungen oder erhöhte Absetzungen, Bewertungsabschläge, Zuführung zu steuerfreien Rücklagen sowie Teilwertabschreibungen (§ 202 Abs. 1 S. 2 Nr. 1 a BewG).
+	Absetzung auf den Geschäfts- oder Firmenwert oder auf firmenwertähnliche Wirtschaftsgüter (§ 202 Abs. 1 S. 2 Nr. 1 b BewG).
+	Einmalige Veräußerungsverluste sowie außerordentliche Aufwendungen (§ 202 Abs. 1 S. 2 Nr. 1 c BewG).
+	Im Gewinn nicht enthaltene Investitionszulagen, soweit in Zukunft mit weiteren zulagebegünstigten Investitionen im gleichem Umfang gerechnet werden kann (§ 202 Abs. 1 S. 2 Nr. 1 d BewG).
+	Der Ertragssteueraufwand [Körperschaftssteuer, Zuschlagsteuern und Gewerbesteuer] (§ 202 Abs. 1 S. 2 Nr. 1 e BewG).
+	Aufwendungen, die im Zusammenhang stehen mit Vermögen i.S.d. § 200 Abs. 2 und 4 BewG und übernommene Verluste aus Beteiligungen i.S.d. § 200 Abs. 2 bis 4 BewG (§ 202 Abs. 1 S. 2 Nr. 1 f BewG).
=	Zwischensumme
	Kürzungen
./.	Gewinnerhöhende Auflösungsbeträge steuerfreier Rücklagen sowie Teilwertzuschreibungen (§ 202 Abs. 1 S. 2 Nr. 2 a BewG).
./.	Einmalige Veräußerungsgewinne sowie außerordentliche Erträge (§ 202 Abs. 1 S. 2 Nr. 2 b BewG).
./.	Im Gewinn nicht enthaltene Investitionszulagen, soweit in Zukunft nicht mit weiteren zulagebegünstigten Investitionen in gleichem Umfang gerechnet werden kann (§ 202 Abs. 1 S. 2 Nr. 2 c BewG).
./.	Angemessener Unternehmenslohn, soweit in bisheriger Ergebnisrechnung nicht berücksichtigt (§ 202 Abs. 1 S. 2 Nr. 2 d BewG).
./.	Erträge aus der Erstattung von Ertragsteuern [Körperschaftsteuer, Zuschlagsteuern und Gewerbesteuern] (§ 202 Abs. 1 S. 2 Nr. 2 e BewG).
./.	Erträge, die in Zusammenhang stehen mit Vermögen im Sinne des § 200 Abs. 2 bis 4 BewG (§ 202 Abs. 1 S. 2 Nr. 2 f BewG).
=	Zwischensumme
	Weitere Hinzurechnungen / Kürzungen
+ ./.	Hinzuzurechnen oder Abzuziehen sind auch sonstige wirtschaftlich nicht begründete Vermögensminderungen oder -erhöhungen mit Einfluss auf den zukünftig nachhaltig

[127] Vgl. Bachmann; Widmann [2009], S. 115.

	erzielbaren Jahresertrag und gesellschaftsrechtlichem Bezug, soweit noch nicht vorab berücksichtigt (§ 202 Abs. 1 Nr. 3 BewG).
=	Zwischensumme
./.	Kürzung des positiven Betriebsergebnisses um 30% zur Abgeltung des Ertragssteueraufwands (§ 202 Abs. 3 BewG).
=	**Bereinigtes Betriebsergebnis**

Tabelle 2: Übersicht der Hinzurechnungen und Kürzungen
(Quelle: eigene Darstellung in Anlehnung an Preißer; Hegemann; Seltenreich [2009], S. 109 f.)

Der Tabelle 2 lässt sich entnehmen, dass die tatsächlich gezahlten Ertragssteuern gem. § 202 Abs. 1 S. 1 Nr. 1 e BewG hinzuzurechnen und entsprechende Erstattungen gem. § 202 Abs. 1 S. 1Nr. 2 e BewG abzuziehen sind. Nach sämtlichen Zu- und Abrechnungen sieht der Gesetzgeber in § 202 Abs. 3 BewG eine Kürzung des Betriebsergebnisses um 30% zur Abgeltung des Ertragssteueraufwands vor. Nach Auffassung der Finanzverwaltung soll somit eine rechtsformneutrale Ertragssteuerbelastung sichergestellt werden. Die pauschale Kürzung i.H.v. 30% entspricht dabei der künftigen durchschnittlichen Unternehmenssteuerlast für Kapitalgesellschaften und Personenunternehmen nach den Regelungen der Unternehmenssteuerreform 2008.[128]

Somit ist der Auffassung der Finanzverwaltung zuzustimmen, dass ein Pauschalwert von 30% als Durchschnittswert durchaus angemessen ist, obwohl, je nach Steuerfall, Abweichungen nach oben und unten vorkommen können.[129]

Eine weitere Besonderheit der in Tabelle 2 dargestellten Kürzungen ist der angemessene Unternehmenslohn gem. § 202 Abs. 1 S. 2 Nr. 2 d BewG, soweit dieser in der Ergebnisrechnung noch nicht berücksichtigt wurde. Die Höhe des Unternehmenslohns richtet sich nach der Vergütung, die eine nicht beteiligte Geschäftsführung erhalten würde. Zudem kann auch ein fiktiver Lohnaufwand für bislang unentgeltlich tätige Familienangehörige des Eigentümers berücksichtigt werden.[130] Die Finanzverwaltung begründet richtigerweise diese Maßnahme mit dem Grundsatz der Rechtsformneutralität.[131]

Als Auffangklausel für Zu- und Abrechnungen dient die in Tabelle 2 aufgeführte Regelung, wonach gem. § 202 Abs. 1 S. 1 Nr. 3 BewG auch sonstige, wirtschaftlich nicht begründete, Vermögensminderungen oder -erhöhungen mit Einfluss auf den zukünftig nachhaltig zu erzielenden Jahresertrag und gesellschaftsrechtlichen Bezug zu berücksichtigen sind, soweit dies nicht schon nach den § 202 Abs. 1 S. 1 Nr. 1und 2 BewG getan wurde. Diese Regelung soll nach Auffassung der Finanzverwaltung den Tatbestand der verdeckten Gewinnausschüttung bei Kapitalgesellschaften, überhöhte Pachtzahlungen an Gesellschafter und ähnliche Faktoren ausgleichen.[132] Der Notwendigkeit dieser Auffangklausel ist zuzustimmen, da bei der Ermittlung des Unterneh-

---

[128] Vgl. BT-Drucksache 16/11107, S. 23.
[129] Vgl. Bachmann; Widmann [2009], S. 117.
[130] Vgl. § 202 Abs. 1 S. 1 Nr. 2 d S. 2 und 3 BewG.
[131] Vgl. BT-Drucksache 16/11107, S. 23.
[132] Vgl. BT-Drucksache 16/11107, S. 23.

menswerts insbesondere keine Faktoren einfließen sollen, die im Gesellschaftsverhältnis begründet sind und Fremdvergleichsbedingungen nicht standhalten.[133]
Die Mehrzahl der, in der Tabelle 2, aufgeführten Hinzurechnungen und Kürzungen zielen darauf ab, einmalige und nicht nachhaltige Erfolgskomponenten zu neutralisieren.[134]

3.2.3.3 Kapitalisierungsfaktor

Neben dem starren Bewertungsschema hat der Gesetzgeber im § 203 Abs. 3 BewG den Kapitalisierungsfaktor als Kehrwert des Kapitalisierungszinssatzes definiert. Zur Ermittlung des Ertragswerts wird beim vereinfachten Ertragswertverfahren gem. § 200 Abs. BewG der zukünftig nachhaltig erzielbare Jahresertrag mit dem, pro Kalenderjahr aktualisierten, festgelegten Kapitalisierungsfaktor multipliziert.
Laut Bachmann/ Widmann "erweist sich demzufolge die Bewertung auf der Grundlage des vereinfachten Ertragswertverfahrens als ein Bewertungskonzept, welches implizit auf der unendlichen Fortschreibung des zukünftig nachhaltig erzielbaren Jahresertrags unter der Annahme der Vollausschüttung aufbaut".[135] Die Standardisierung des Kapitalisierungsfaktors stellt einerseits Operationalität des Gesetzes sicher, kann anderseits jedoch zu eklatanten Fehlbewertungen führen.[136] Entsprechend § 203 Abs. 2 und 3 BewG setzt sich der Gesamtzinssatz aus einem Basiszins und einem Zuschlag von 4,5% zusammen. Der Basiszinssatz wird abgeleitet aus der langfristig erzielbaren Rendite öffentlicher Anleihen und jeweils auf den ersten Börsentag des Jahres errechnet. Dieser Wert ist für das gesamte Jahr anzusetzen. Für 2009 wurde vom BMF ein Basiszins von 3,61% vorgegeben.[137]
Balz/ Bordermann kommen in einer Untersuchung zu dem Ergebnis, dass in den letzten Jahren die Kapitalisierungsfaktoren aufgrund der Zinsschwankungen sich innerhalb des jeweiligen Jahres stark verändert hätten. In 2008 wäre der Faktor am ersten Börsentag 11,01; am 02.07.2008 nur 10,86 und am 04.12.2008 sogar 12,63 gewesen. Es wird deutlich, dass der erste Börsentag nicht für das gesamte Jahr repräsentativ sein kann.[138] "Die Bewertungspraxis glättet deshalb Tagesschwankungen und setzt für den Basiszinssatz gerundete Periodendurchschnitte an. Darüber hinaus wird der Zinssatz bei wesentlichen Änderungen angepasst und nach den Empfehlungen des IDW aus der Zinsstrukturkurve der Deutschen Bundesbank ermittelt. Zu Beginn des Jahres 2009

[133] Vgl. Preißer; Hegemann; Seltenreich [2009], S.111.
[134] Vgl. Bachmann; Widmann [2009], S. 116.
[135] Bachmann; Widmann [2009], S. 117.
[136] Vgl. Balz; Bordermann [2009], S. 77.
[137] Vgl. BMF vom 7.1.2009, IV C 2 - S 3102/07/0001 2009/0006060, BStBl. I 2009, S. 14.
[138] Vgl. Balz; Bordermann [2009], S. 77.

berechnet sich hieraus ein Basiszinssatz von 4,25% statt 3,61% wie vom Bundesfinanzministerium festgelegt."[139]

Der fixe Zinszuschlag von 4,5% deckt nach Auffassung der Finanzverwaltung das Unternehmerrisiko, den Fungibilitätszuschlag, den Wachstumsabschlag und inhaberabhängige Faktoren ab und gilt für alle Branchen und Unternehmensgrößen. Branchenspezifische Faktoren werden durch einen Beta-Faktor von 1,0 berücksichtigt, weil dann die Einzelrendite wie der Markt schwankt.[140] Eine Anpassung an eine spezifische Unternehmenssituation ist nicht möglich. Nach Auffassung von Balz/ Bordermann wurde bei Großunternehmen eine Bandbreite von 3,1% bis 6,75% beobachtet. Die Risikoprämien für Unternehmen unterhalb 50 Mio. € Umsatz zeigen sogar Werte bis 20%.[141] Diese Abweichungen zeigen, dass die gemeinen Werte bereits schon aufgrund der standardisierten, fixen Zinsvorgaben beim vereinfachten Ertragswertverfahren erheblich vom realen Marktwert abweichen können.

Es sind Zweifel an der Durchsetzung dieses Verfahrens angebracht, da das vereinfachte Ertragswertverfahren gerade für Klein- und Mittelbetriebe gedacht war, die nun in vielen Fällen durch die Typisierung der Zinssätze benachteiligt werden.[142]

3.3 Multiplikatorverfahren

Das Multiplikatorverfahren ist eine Vergleichsmethode und basiert auf dem Grundsatz "Bewerten heißt Vergleichen".[143] Diese marktorientierte Methode gehört zweifellos zu den in § 11 BewG formulierten anderen anerkannten, auch im gewöhnlichen Geschäftsverkehr für nicht steuerliche Zwecke üblichen Methoden. Sie wird oft für die Bewertung von kleineren und mittelgroßen Unternehmen, wie Praxen, Apotheken und Büros verschiedenster Art verwendet.[144]

Aufgrund der geringen Komplexität und schnellen Durchführbarkeit dient das Multiplikatorverfahren auch als erste Wertorientierung bei einer Unternehmensbewertung.[145]

Die Bezugsgröße der Multiplikatoren sind Schlüsselkennzahlen, die sich z.B. auf einen Wert wie, Umsatz, EBIT, Jahresüberschuss oder auf eine Menge, z.B. Kunden beziehen.[146] Der Multiplikator kann aus Branchenmultiplikatoren gewählt werden oder ist aus Daten vergleichbarer Unternehmen zu ermitteln.[147]

Laut Moxter orientiert sich die Höhe des Multiplikators " ganz allgemein nach Angebot und Nachfrage im Unternehmenshandel". Grundsätzlich sind alle unternehmerischen

---

[139] Balz; Bordermann [2009], S. 77.
[140] Vgl. BT-Drucksache 16/11107, S. 13.
[141] Vgl. Balz; Bordermann [2009], S. 77.
[142] Vgl. Kohl; Schilling [2008], S. 917.
[143] Vgl. Hommel; Dehmel [2009], S. 65.
[144] Vgl. Eisele [2009], S. 185.
[145] Vgl. Ballwieser [2008], S. 205.
[146] Vgl. Ballwieser [2008], S. 202.
[147] Vgl. Wiehle et al. [2008], S. 42.

Zukunftserwartungen Bestandteil der Multiplikatorermittlung.[148] Der Unternehmenswert bildet sich aus der Multiplikation der Bezugsgröße des zu bewertenden Unternehmens mit dem Multiplikator.[149] Die Genauigkeit der Unternehmensbewertung ist abhängig von der Qualität der Vergleichsdaten. Kennzahlen der Vergleichsunternehmen oder Branche basieren auf vergangenen Geschäftsjahren. Sollte, bedingt durch Sondereinflüsse, eine Prognose für die Zukunft aus diesen Performancemaßstäben nicht möglich sein, so sind zusätzliche Überprüfungen, wie beim individuellen Ertragswertverfahren, notwendig. Die Vorteilhaftigkeit dieses schnellen und einfachen Verfahrens würde dabei verloren gehen.[150] Es können auch Fehleinschätzungen auftreten, wenn z.B. Unternehmensgewinne bilanzpolitisch manipuliert sind und Multiplikatoren nicht die speziellen Zukunftsprognosen der einzelnen Unternehmen berücksichtigen.[151] In Folge des Ermessenspielraums bei der Auswahl der Vergleichsunternehmen und Vergleichsdaten eröffnet das Multiplikatorverfahren dem Bewerter eine subjektive Gestaltungsmöglichkeit.[152]

Da dieses marktorientierte Verfahren mit Vergleichskennzahlen aus der Branche oder von anderen Unternehmen arbeitet, ist bereits bei der Auswahl der Vergleichsunternehmen eine hohe Gestaltbarkeit gegeben. Gestaltungsspielräume eröffnen sich beispielsweise auch bei der Berechnung der nachhaltigen Erträge aufgrund steuerrechtlicher und handelsrechtlicher Wahlmöglichkeiten.[153]

Mit Zunahme der Produkt- und Strukturkomplexität bei mittelgroßen und großen Unternehmen verliert die Multiplikatormethode ihre Einfachheit und Objektivität; allerdings wächst der Gestaltungsspielraum. Umgekehrt sinken die Gestaltungsmöglichkeiten bei gleichzeitigem Anstieg der Objektivität und Einfachheit bei kleinen Unternehmen mit einfacher Struktur und eindeutigen Vergleichsdaten; z.B. Konzessionen von Taxi-Betrieben.[154]

3.4 Substanzwert

Lässt sich der gemeine Wert nicht aus Börsenkursen oder aus Verkäufen unter fremden Dritten ableiten, so wird der Substanzwert gem. § 11 Abs. 2 S. 3 BewG als Wertuntergrenze festgeschrieben. Das Gesetz definiert den Substanzwert als Differenz zwischen der Summe der gemeinen Werte der zum Betriebsvermögen gehörenden Wirtschaftsgüter und sonstiger aktiver Ansätze und der zum Betriebsvermögen gehörenden Schulden und sonstiger Abzüge. So orientiert sich die Substanzbewertung im

[148] Vgl. Moxter [1983], S. 153.
[149] Vgl. Wiehle et al. [2008], S. 43.
[150] Vgl. Hommel; Dehmel [2009], S. 66 f.
[151] Vgl. Wiehle et al. [2008], S. 42.
[152] Vgl. Hommel; Dehmel [2009], S. 65 ff.
[153] Vgl. Eisele [2009], S. 185.
[154] Vgl. Barthel [1996], S. 149 ff.

Rahmen der Erbschaftsteuer an den Veräußerungspreisen der einzelnen Wirtschaftsgüter und nicht an den Rekonstruktionswerten nach IDW S 1. Im Sinne der §§ 95 bis 97 BewG und Abschnitt 4 Abs. 2 und 3 BewErl werden alle Wirtschaftsgüter erfasst, die bei der ertragssteuerlichen Gewinnermittlung zum Betriebsvermögen gehören. Dazu zählen auch die entgeltlichen erworbenen und selbstgeschaffenen immateriellen Wirtschaftsgüter, mit Ausnahme eines Geschäfts- oder Firmenwerts. Gem. Abschnitt 4 Abs. 3 S. 4 BewErl handelt es sich bei den immateriellen Wirtschaftsgütern z.B. um Patente, Lizenzen, Warenzeichen, Markenrechte, Konzessionen.

Das bewegliche, abnutzbare Anlagevermögen ist mit 30% der Anschaffungskosten anzusetzen, wenn dies nicht i.S.d. Abschnitt 4 Abs. 7 BewErl zu unzutreffenden Ergebnissen führt. Abschnitt 4 Abs. 8 BewErl sagt aus, dass das Umlaufvermögen mit seinen Wiederbeschaffungs- oder Wiederherstellungskosten zu bemessen ist. Stille Reserven sind aufzudecken und anzusetzen.
Mit dieser Bewertungsvorschrift beim Umlauf- und Anlagevermögen wird vom Bewertungsgrundsatz gem. § 9 Abs. 2 BewG, nachdem der gemeine Wert durch den Veräußerungspreis im normalen Geschäftsverkehr bestimmt wird, abgewichen.
Entsprechend Abschnitt 4 Abs. 6 S. 1 BewErl soll der gemeine Wert von Erfindungen oder Urheberrechten, die in Lizenz vergeben wurden, so ermittelt werden, dass der Anspruch auf die wiederkehrenden Zahlungen bestehende Gegenleistung kapitalisiert wird. Die Substanzbewertung wird nur zur Ermittlung des Mindestwertes bei den Ertragswertmethoden und so genannten anderen marktüblichen Methoden angewendet. Der Substanzwert spielt nur dann eine Rolle, wenn er höher als der Ertragswert ist. Dies kann nur bei ertragsschwachen Unternehmen der Fall sein. Folglich will der Gesetzgeber mit dieser Mindestwertregelung z.B. verhindern, dass ertragsschwache Unternehmen steuerfrei vererbt werden, obwohl im Betriebsvermögen wertvolle Grundstücke enthalten sind.

Bachmann/ Widmann bezweifeln grundsätzlich das Vorhandensein bzw. die Werthaltigkeit von so genannten selbstgeschaffenen immateriellen Wirtschaftsgütern bei ertragsschwachen Unternehmen.[155] Es ist fraglich, "ob für spezielle Patente und Markenrechte einer ertragsschwachen Unternehmung Käufer bzw. Veräußerungspreise der von dieser Unternehmung selbst geschaffenen immateriellen Wirtschaftsgüter bestimmt werden können, die gem. der Vorgabe des Erlasses dem Substanzwert des betreffenden Unternehmens zuzurechnen sein sollen."[156] Diese Argumentation lässt

[155] Vgl. Bachmann; Widmann [2009], S. 122.
[156] Bachmann; Widmann [2009], S. 122.

die Schlussfolgerung zu, dass auch bei der Substanzwert- Berechnung Gestaltungsspielraum für den Steuerpflichtigen besteht.

Sollte ein Unternehmen auf keinen Fall weitergeführt werden, sondern das Vermögen in Einzelheiten verkauft werden, so kann der so genannte Zerschlagungswert oder Liquidationswert angesetzt werden, der aufgrund der dabei anfallenden Zusatzkosten noch niedriger als der Substanzwert ist.[157]

3.5 Wesentliche Determinanten bei der Wahl der Ertragswertmethode

3.5.1 Einfluss der Konjunktur

Der Steuerpflichtige kann durch die Wahl eines geeigneten Bewertungsverfahrens den Wert des Unternehmens und somit aktiv die Steuerbemessungsgrundlage für das zu übertragende Unternehmen beeinflussen. In der Praxis wird beispielsweise der Gesetzesanwender oftmals vor der Entscheidung stehen, das vereinfachte Ertragswertverfahren oder ein individuelles Ertragswertverfahren, z.B. nach IDW S 1, anzuwenden. Um für dieses spezielle Entscheidungskalkül allgemein gültige Aussagen abzuleiten, wurde im Anhang I ein Vergleich zwischen diesen beiden Verfahren und dem Substanzwert durchgeführt. Bei Anwendung der Ertragswertmethoden ist die Substanzwertermittlung gesetzlich vorgeschrieben und dient der Absicherung der Entscheidungsfindung. Bei dieser Vergleichsuntersuchung sind die Unternehmenswerte für zwei Szenarien berechnet worden. Das Szenario 1 unterstellt eine expansive Wirtschaftslage, die bei dem zu bewertenden Unternehmen zu stetig steigenden Jahresüberschüssen im Bewertungszeitraum führt. Szenario 2 beschreibt hingegen eine rezessive Wirtschaftslage mit jährlichen Rückgängen bei den Unternehmenserfolgen. Das Ziel der Untersuchung ist es, herauszufinden, welches Bewertungsverfahren in der jeweiligen Wirtschaftslage zu einem geringeren und somit steuersenkenden Unternehmenswert führt. Die Ergebnisse der Untersuchung sind in der Abbildung 2 dargestellt. Der Graphik lässt sich deutlich entnehmen, dass bei Szenario 1 das vereinfachte Ertragswertverfahren zu einem Unternehmenswert von ca. 3 Mio. € und die Unternehmenswertberechnung nach IDW S 1 zu einem Ergebnis von ca. 4 Mio. € führt.

[157] Vgl. Schmidt [2008], S. 244.

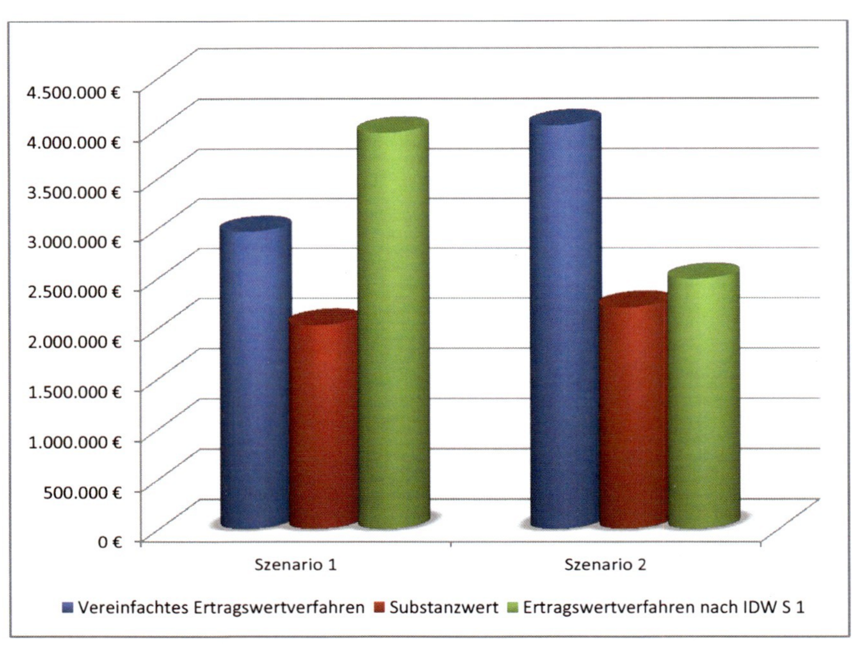

Abbildung 2: Unternehmenswerte in Abhängigkeit von der Konjunkturlage
(Quelle: eigene Darstellung/ Berechnung)

Der Substanzwert als Untergrenze wird bei beiden Szenarien nicht unterschritten. Die Vorteilhaftigkeit des vereinfachten Ertragswertverfahren bei der expansiven Wirtschaftlage ist darauf zurückzuführen, dass die Erträge der drei vergangenen Jahre vor dem Bewertungsstichtag deutlich geringer sind, als die der künftigen Erträge, die bei der Berechnung nach IDW S 1 herangezogen werden. Somit würde bei einer expansiven Wirtschaftslage das vereinfachte Ertragswertverfahren dem IDW S 1 überlegen sein, wenn sonst keine weiteren Einflussfaktoren einbezogen werden, der Kapitalisierungszins bei IDW S 1 nicht wesentlich erhöht wird und der Wirtschaftsaufschwung sich auch auf die Umsätze des zu bewertenden Unternehmens entsprechend auswirkt.
Umgekehrt verhält es sich bei einer rezessiven Wirtschaftlage, wie in Szenario 2. Hier ist die Wahl des Ertragswertverfahrens nach IDW S 1 mit einem Wert von ca. 2,5 Mio. € deutlich vorteilhafter als die Wertermittlung nach dem vereinfachten Ertragswertverfahren, das zu einem Unternehmenswert von 4 Mio. € führt. Bei der Berechnung nach IDW S 1 kann die schlechte Wirtschaftslage bei der Prognose der zukünftigen Erträge berücksichtigt und somit der Unternehmenswert der künftigen Entwicklung angepasst werden. Analog dazu lässt sich der hohe Unternehmenswert nach dem vereinfachten Ertragswertverfahren erklären. Hier wurde der Durchschnitt der hohen vergangenen Jahresüberschüsse kapitalisiert und somit, im Gegensatz zu der tatsächlich prognostizierten Entwicklung, für die Zukunft fortgeschrieben. Demnach ist

das Ertragswertverfahren nach IDW S 1 bei einer rezessiven Wirtschaftlage und unter sonst gleichen Annahmen vorteilhaft.
Bei der Gestaltungsempfehlung in Szenario 1 ist jedoch zu überprüfen, ob das vereinfachte Bewertungsverfahren nicht zu einem offensichtlich unzutreffenden Ergebnis i.S.d. § 199 BewG führt. Die Grenze des "offensichtlich unzutreffenden" ist nicht eindeutig definiert und zudem muss gem. Abschnitt 19 Abs. 6 und 7 BewErl derjenige die Feststellungslast tragen, der von dem vereinfachten Verfahren abweichen will. Da der Steuerpflichtige bei Szenario 1 das vereinfachte Verfahren bevorzugen würde, müsste die Finanzverwaltung erst mit einem Gutachten nachweisen, dass das vereinfachte Verfahren offensichtlich unzutreffend ist. Da dies mit einem für die Finanzverwaltung kapazitäts-, zeit- und kostenintensiven Verwaltungsaufwand zusammenhängt, ist davon auszugehen, dass dieser Nachweis seitens der Finanzverwaltung erst bei wirtschaftlich bedeutenden Abweichungen gerechtfertigt ist und somit in den meisten Fällen nicht erbracht wird. Bei Szenario 2 entfällt diese Problematik, da der Steuerpflichtige selbst mit der Unternehmensbewertung nach IDW S 1 von dem vereinfachten Verfahren abweicht und gleichzeitig mit der ordnungsgemäßen Bewertung die Nachweispflicht i.S.d. Abschnitt 19 Abs. 6 und 7 BewErl erbringt. Grundsätzlich muss immer bei der Wahl des niedrigeren Unternehmenswerts darauf geachtet werden, dass dadurch nicht das Verhältnis von Betriebs- zu Verwaltungsvermögen schädlich i.S.d. § 13 b Abs. 2 BewG bzw. § 13 a Abs. 8 BewG beeinflusst wird.
Der Vorteilhaftigkeit des vereinfachten Ertragswertverfahrens bei Szenario 1 könnte allerdings die Vorschrift des Abschnitt 21 Abs. 5 BewErl entgegenstehen. Danach müssen zum Bewertungsstichtag bekannte objektive Umstände bei der Ermittlung des Durchschnittsertrags berücksichtigt werden. So müssten auch steigende Umsätze aufgrund einer expansiven Wirtschaftlage mit einem Zuschlag auf den Durchschnittsertrag berücksichtigt werden. Aber auch hier ist zu hinterfragen, ob die Finanzverwaltung es für angemessen hält, den aufwandsintensiven Nachweis über die künftig steigenden Umsätze als objektiv bekannten Umstand zu erbringen. Andererseits ermöglicht die Öffnungsklausel des Abschnitt 21 Abs. 5 BewErl dem Steuerpflichtigen in Szenario 2 die Möglichkeit, doch das scheinbar ungünstige vereinfachte Ertragswertverfahren zu verwenden. So können über Abschnitt 21 Abs. 5 BewErl die prognostizierten sinkenden Umsätze als objektiv bekannter Umstand argumentativ nachgewiesen und als Abschlag auf den Durchschnittsertrag berücksichtigt werden. Folglich kann der Gesetzesanwender somit die Vorteile des kostengünstigen, schnellen vereinfachten Ertragswertverfahrens mit dem Vorteil der individuellen Ertragswertverfahren teilweise verbinden, da durch die Hilfe der Öffnungsklausel des Abschnitt 21 Abs. 5 BewErl zukünftige objektive Ereignisse letztendlich in die Kapitalisierungsgröße einfließen, sofern sie zum Bewertungsstichtag bekannt sind.

Vermutlich werden erst Gerichtsurteile diese Klausel in seiner Auslegungsfreiheit einschränken, die sowohl für die Finanzverwaltung als auch für den Steuerpflichtigen eine große Einflussnahme auf die Steuerbemessungsgrundlage bedeuten kann. Aufgrund der aufgezeigten Einschränkungen und Besonderheiten lassen sich keine allgemeingültigen Aussagen treffen, in welcher Konjunkturlage welches Bewertungsverfahren generell vorteilhaft ist. Demnach bleibt es dem Steuerpflichtigen nicht erspart, für eine optimale Steuergestaltung einzelfallspezifische Vergleichsrechnungen durchzuführen.

3.5.2 Einfluss des Kapitalisierungsfaktors

In den bisherigen Ausführungen wurde gezeigt, welche Unterschiede und damit zusammenhängende Gestaltungsmöglichkeiten zwischen dem vereinfachten Ertragswertverfahren und dem Ertragswertverfahren nach IDW S 1, hinsichtlich der Ermittlung der zu kapitalisierenden Jahresüberschüsse, bestehen. Neben diesem gravierenden Unterschied zwischen den beiden Verfahren ist der Kapitalisierungsfaktor eine weitere Gestaltungsdeterminante, die gerade in Zeiten der Finanz- und Wirtschaftskrise einen erheblichen Einfluss auf die Methodenwahl hat. Die Bedeutsamkeit der Gestaltungsfreiheit des Diskontierungszinssatzes bei der Ertragswertmethode gegenüber dem starren Zinssatz bei dem vereinfachten Ertragswertverfahren wird anhand des folgenden Beispiels erläutert. Die Tabelle 3 zeigt die prognostizierten Gewinne nach Steuern für die Kapitalgesellschaften A und B zwecks einer Unternehmenswertberechnung für eine Übertragung zum 01.01.2009. Es werden also Unternehmen A und B die gleiche Ertragskraft unterstellt. Weiterhin verzeichnen beide Unternehmen die identischen Aktiva der Bilanz auf. Jedoch unterscheiden sich die Unternehmen hinsichtlich ihrer Branchenzugehörigkeit und ihrer Finanzierungsstrukturen.

KapG (A und B)	**2009 Plan**	**2010 Plan**	**2011 Plan**	**2012 Rente**
Steuerbilanzgewinn	350.000,00 €	370.000,00 €	400.000,00 €	430.000,00 €

Tabelle 3: Entwicklung der Gewinne nach Steuern einer KapG
(Quelle: eigene Darstellung in Anlehnung an Bachmann; Widmann [2009], S. 129)

Der Tabelle 4 lässt sich entnehmen, dass das Unternehmen A durch seine geringe Verschuldungsquote und Risiken auch einen geringen Betafaktor aufweist. Das Unternehmen B hat aufgrund seines risikoreichen Kerngeschäfts und seiner hohen Verschuldungsrate hingegen einen sehr hohen Betafaktor. Somit ergibt sich, bei sonst gleicher Annahme des Basiszins und der Marktrisikoprämie, eine erhebliche Differenz bei dem Diskontierungszinssatz für die Detailplanung als auch für die ewige Rente. Der Diskontierungszins bei dem vereinfachten Ertragswertverfahren ist hingegen, ungeachtet der Verschuldungsquote und der Risikoeinschätzung, aufgrund der starren Vorgaben durch den Gesetzgeber bei beiden Unternehmen 8,11%. In Anbetracht der aktuellen wirtschaftlichen Lage werden sich viele Unternehmen, die eine Unternehmensübertragung anstreben, mit dem dargestellten Unternehmen B identifizieren können, da in vielen Geschäftsbereichen große Unsicherheiten sowie Liquiditätsengpässe und damit einhergehende steigende Verschuldungsquoten vorhanden sind.

	Unternehmen A (IDW S 1)		**Unternehmen B (IDW S 1)**		**Unternehmen A und B (Vereinfachtes Ertragswertverfahren)**
Basiszins		4,00%		4,00%	3,61%
Beta-Faktor	0,70		1,70		1,00
Marktrisikoprämie	5,00%	+ 3,50%	5,00%	8,50%	+ 4,50%
Diskontierungszins Phase 1		**7,50%**		**12,50%**	**8,11%**
Wachstumsabschlag		- 0,50%		- 0,50%	
Diskontierungszins ewige Rente		**7,00%**		**12,00%**	**8,11%**

Tabelle 4: Ermittlung der Diskontierungssätze
(Quelle: eigene Darstellung in Anlehnung an Bachmann; Widmann [2009], S. 130)

Die Gewinne aus Tabelle 3 und eine unterstellte Kapitalisierungsgröße von 387.500 € beim vereinfachten Ertragswertverfahren, führen, unter Berücksichtigung der Diskontierungszinssätze aus Tabelle 4, zu den in Tabelle 5 dargestellten Unternehmenswerten.

	Unternehmen A (IDW S 1)	**Unternehmen B (IDW S 1)**	**Unternehmen A und B (Vereinfachtes Ertragswertverfahren)**
Unternehmenswert	5.912.496,47 €	3.401.079,10 €	4.777.875,00 €

Tabelle 5: Unternehmenswerte bei Variation des Betafaktors
(Quelle: eigene Darstellung in Anlehnung an Bachmann; Widmann [2009], S. 130)

Das Beispiel macht deutlich, dass viele Unternehmen in der aktuellen Situation mit dem vereinfachten Ertragswertverfahren wegen des typisierten Kapitalisierungsfaktors deutlich benachteiligt sind. Der Unternehmenswert nach IDW S 1 bei Unternehmen B entspricht nur $\frac{3.401.079,10}{4.777.875,00} \triangleq 71,18\%$ des Wertes nach dem vereinfachten Ertragswertverfahren. Demnach würde das vereinfachte Ertragswertverfahren zu einer deutlichen Fehlbewertung und einer viel zu hohen Steuerbemessungsgrundlage führen.
Die erheblichen Auswirkungen der freien Gestaltung des Kapitalisierungszinssatzes auf den Unternehmenswert machen deutlich, dass die Standardisierung des Basiszins, des pauschalen Zuschlag sowie des Betafaktors, für alle Unternehmensarten betriebs-

wirtschaftlich unangemessen und nicht nachvollziehbar ist.[158] Der starre Betafaktor von eins wird in der überwiegenden Anzahl von Bewertungsanlässen zu niedrig sein.[159]
Die Ausführungen haben deutlich gemacht, dass, aus Sicht des Steuerpflichtigen, die Wahl des optimalen Ertragswertverfahren von den Gegebenheiten des zu betrachtenden Einzelfalls abhängig ist. Neben der Berücksichtigung der Vor- und Nachteile des jeweiligen Verfahrens sind auch Zeitaufwand und Kosten der Durchführung der Bewertungsverfahren bei der Entscheidungsfindung zu berücksichtigen.[160]

[158] Vgl. Stamm; Blum [2009a], S. 809.
[159] Vgl. Stamm; Blum [2009a], S. 810.
[160] Vgl. Bachmann; Widmann [2009], S. 131.

4. Begünstigung von Betriebsvermögen

Entsprechend dem Urteil des Bundesverfassungsgerichts vom 7. November 2006 hat der Gesetzgeber in der Erbschaftsteuerreform 2009 die Bewertung und Begünstigung von Betriebsvermögen streng in zwei Ebenen getrennt. In der ersten Ebene werden alle Vermögensklassen in praktikablen Annäherungswerten an den gemeinen Wert erfasst. In der zweiten Ebene, der sogenannten Begünstigungsebene, werden die Regeln, Daten und Fakten der Begünstigung und Verschonung von Betriebsvermögen definiert. Ziel dieser Begünstigung ist eine weitgehende Vermeidung der Mehrbelastung aufgrund der neuen Bewertungsgesetze und Förderung des dem Gemeinwohl dienenden Vermögens, z.B. durch eine Erleichterung bei der Unternehmensnachfolge.[161] Die Übertragung von Betriebsvermögen wird durch den Verschonungsabschlag nach § 13 a Abs. 1 ErbStG, den Abzugsbetrag nach § 13 a Abs. 2 ErbStG und dem Entlastungsbetrag nach § 19 a Abs. 1 ErbStG begünstigt. Für die Inanspruchnahme und Aufrechterhaltung der Begünstigung müssen bestimmte Voraussetzungen zum Übertragungszeitpunkt, sowie bestimmte Vorgaben nach der Übertragung und während der Behaltensfrist erfüllt werden. Zu den Voraussetzungen gehört auch die Einhaltung bestimmter Grenzen bei dem Verhältnis zwischen Verwaltungsvermögen und Betriebsvermögen.

4.1 Verwaltungsvermögen

Wenn das Betriebsvermögen zu mehr als 50% aus Verwaltungsvermögen besteht, so entfällt entsprechend § 13 b Abs. 2 S. 1 ErbStG die Begünstigung des Gesamtvermögens. Bei der Optionsverschonung mit 100% Vergünstigung gem. § 13 a Abs. 1 und 8 ErbStG muss das Verwaltungsvermögen sogar unter 10% liegen. Der Gesetzgeber möchte verhindern, dass Vermögen begünstigt wird, das in erster Linie der weitestgehend risikolosen Renditeerzielung dient und in der Regel weder die Schaffung von Arbeitsplätzen noch zusätzliche volkswirtschaftliche Leistungen bewirkt.[162] Die Verwaltungsvermögensarten werden in § 13 b Abs. 2 S. 2 ErbStG definiert. Zu den Hauptarten gehören Grundstücke und Gebäude, die Dritten zur Nutzung überlassen werden, Verpachtung eines Betriebes, Kunstgegenstände, Beteiligungen an Gesellschaften sowie Wertpapiere, wenn sie nicht zum Hauptzweck des Gewerbebetriebs gehören.

Schulden dürfen nicht vom Verwaltungsvermögen abgezogen werden, obwohl sie in einem direkten Zusammenhang stehen.[163] So kann bereits ein geringer Anteil von

[161] BT-Drucksache 16/7918, S. 23 ff.

[162] Vgl. BR-Drucksache 4/08, S. 57.

[163] Vgl. Abschnitt 35 Abs. 2 S. 5 ErbStErl (Gleich lautende Erlasse der obersten Finanzbehörden der Länder zur Umsetzung des Gesetzes zur Reform des Erbschaftsteuer- und Bewertungsrechts vom

Verwaltungsvermögen zu einem Nichtbestehen des Verwaltungsvermögenstests führen.

Die Gesetzesformulierung ist unsystematisch, da Verwaltungsvermögen ohne Schuldenabzug im Verhältnis zum gemeinen Unternehmenswert mit Schuldenabzug steht. Da die Beurteilung des Verwaltungsvermögens durch das Finanzamt nur auf der oberen Ebene der Gesellschaft vorgenommen wird, kann durch Bildung von Tochterunternehmen ggf. diese Gesetzeseinschränkung umgangen werden.[164]

4.2 Verschonungsabschlag

Nach § 13 a Abs. 1 ErbStG kann beim begünstigten Betriebsvermögen ein Verschonungsabschlag angesetzt werden. Dafür stehen zwei Varianten zur Verfügung; die Regelverschonung nach § 13 a Abs. 1 i.V.m. § 13 b Abs. 4 ErbStG und die Optionsverschonung nach § 13 a Abs. 1 und 8 ErbStG.

4.2.1 Regelverschonung

Wenn die Gesetzesbedingungen erfüllt sind und z.B. das Verwaltungsvermögen unterhalb der 50%-Grenze liegt, wird auf das Betriebsvermögen ein Abschlag von 85% vorgenommen.[165] Mit dem restlichen Anteil von 15% will der Gesetzgeber das Vermögen, das nicht ausschließlich dem Produktionszweck dient, erfassen und versteuern. Diese Vermutung des Gesetzgebers ist unwiderlegbar.[166] Der Restbetrag von 15% ist noch um den gleitenden Abzugsbetrag nach § 13 a Abs. 2 ErbStG bis maximal 150.000 € zu mindern und dann sofort zu versteuern.[167] Im Anhang II dieser Arbeit befindet sich eine Beispielrechnung, die das schematische Vorgehen bei der Verschonung veranschaulicht. Für die Inanspruchnahme der Regelverschonung ist zunächst nur der Verwaltungsvermögenstest notwendig. Die endgültige Gewährung des Verschonungsbetrages ist abhängig vom Wohlverhalten während der Behaltensfrist von sieben Jahren. In dieser Periode darf das Betriebsvermögen nicht veräußert werden und nach Ablauf der sieben Jahre muss die Lohnsumme 650% der Ausgangslohnsumme betragen.[168] Eine Unterschreitung der Lohnsumme führt zu einer Reduzierung des 85%-Verschonungsabschlags in dem gleichen prozentualen Umfang wie die Lohnsumme unterschritten wird.[169] Laut § 13 a Abs. 1 S. 4 ErbStG entfällt generell die Lohnsum-

25.06.2009; Anwendung der geänderten Vorschriften des Erbschaftsteuer- und Schenkungsteuergesetzes).

[164] Vgl. Zipfel [2009], S. 171.

[165] Vgl. Zipfel [2009], S. 139.

[166] Vgl. Eisele [2009], S. 30.

[167] Vgl. Demuth [2009], S. 10.

[168] Vgl. Fürwentsches [2009], S. 2908.

[169] Vgl. Richter; Viskorf; Phillips [2009], S. 8.

menregel bei Unternehmen mit einer Ausgangslohnsumme von 0,00 € oder wenn nicht mehr als 10 Mitarbeiter beschäftigt werden.

4.2.2 Optionsverschonung

In einem Antrag kann der Erwerber unwiderruflich erklären, dass er einen Verschonungsabschlag von 100% i.S.d. § 13 a Abs. 1 und 8 ErbStG in Anspruch nehmen will. Im Vergleich zur Regelverschonung steigt die Behaltensfrist auf 10 Jahre und die Lohnsumme beträgt 1000% der Ausgangslohnsumme nach einer Periode von 10 Jahren. Das Verwaltungsvermögen muss unterhalb von 10% des begünstigten Betriebsvermögen nach § 13 b Abs. 1 ErbStG liegen.[170] Nach Auffassung von Schulte/ Birnbaum; Hinkers wird in der Fachwelt diese 100%-Option vielfach "Placebo-Verschonung" genannt, da die meisten Unternehmen mehr als 10% Verwaltungsvermögen besitzen.[171] Auch steigen die Schwierigkeiten einer langfristigen betriebswirtschaftlichen Prognose überproportional mit Erhöhung des Planungszeitraumes von 7 auf 10 Jahre an. Anderseits kann bei größeren Unternehmen der Steuerspareffekt so groß sein, dass der Steuerpflichtige das Risiko einer möglichen Verletzung der Behaltensfrist-Regeln eingeht.[172] Da eine Verletzung nicht zu einem "Fallbeil-Resultat", sondern nur zu einer prozentualen Minderung der Steuer-Verschonung führt,[173] ist, in Folge dessen, das Optionsverschonungsmodell für größere Betriebe mit umfangreicherem Gestaltungspotenzial attraktiv.

4.3 Abzugsbetrag nach § 13 a Abs. 2 ErbStG

Der verbleibende Rest von 15% des Produktivvermögens kann ggf. vor Festlegung des zu versteuernden Wertes weiter vermindert werden.[174] Zur Entlastung von Kleinbetrieben und zur Verwaltungsvereinfachung wurde im Erbschaftsteuergesetz § 13 a Abs. 2 ErbStG ein Abzugsbetrag von maximal 150.000 € definiert.[175] Gem. § 13 a Abs. 2 ErbStG verringert sich der Abzugsbetrag von 150.000 €, wenn der Wert dieses Vermögens die Wertgrenze von 150.000 € übersteigt, um 50% des diese Wertgrenze übersteigenden Betrags. Durch diesen gleitenden Abzugsbetrag kann bei Klein- und Kleinstfällen eine komplette Steuerbefreiung eintreten.[176]

		€	**€**	**€**
	Begünstigtes Betriebsvermögen (§ 13 b Abs. 1 ErbStG)			**2.200.000**
-	Verschonungsabschlag 85 v.H.			**1.870.000**

[170] Vgl. Zipfel [2009], S. 143.
[171] Vgl. Schulte; Birnbaum; Hinkers [2009], S. 302.
[172] Vgl. Richter; Viskorf; Phillips [2009], S. 9.
[173] Vgl. Halaczinsky; Riedel [2009], S. 184.
[174] Vgl. Halaczinsky; Riedel [2009], S. 178.
[175] Vgl. Schmidt [2008], S. 244.
[176] Vgl. Schwind; Schmidt [2009], S. 1659.

	(§ 13 b Abs. 4 i.V.m. § 13 a Abs. 1 ErbStG)			
=	Vorläufiges steuerpflichtiges Betriebsvermögen			**330.000**
	Vorläufiger Abzugsbetrag (§ 13 a Abs. 2 S. 1 ErbStG)		150.000	
	Steuerpflichtiges Betriebsvermögen	330.000		
-	Abzugsbetrag	150.000		
=	Übersteigender Betrag	180.000		
	Davon 50%	90.000	90.000	
-	Verbleibender Abzugsbetrag		60.000	**60.000**
=	**Steuerpflichtiges Betriebsvermögen**			**270.000**

Tabelle 6: Beispielrechnung zur Übertragung von Betriebsvermögen
(Quelle: eigene Darstellung in Anlehnung an Zipfel [2009], S. 146)

Aus der Beispielrechnung in Tabelle 6 ist abzuleiten, dass bei diesem Kalkulationsschema sich ein 15%-Betrag von 450.000 € nicht weiter verringern kann.[177] So wird dieser Abzugsbetrag bei größeren Unternehmen keine oder nur eine geringe Wirkung entfalten.[178] Das Beispiel in der Tabelle 6 geht von einer Erbschaft von begünstigtem Betriebsvermögen in Höhe von 2.200.000 € aus. Nach einem Verschonungsabschlag von 85% entsprechend 1.870.000 € verbleibt vorläufig ein steuerpflichtiges Betriebsvermögen von 330.000 €. Die Differenz zwischen dem sogenannten Abzugsbetrag von 150.000 € zu den 330.000 € beträgt 180.000 €, die zu 50%, entsprechend 90.000 €, vom vorläufigen Abzugsbetrag 150.000 € abgezogen werden müssen. Der Restbetrag von 60.000 € darf zusätzlich steuermindernd beim bisherigen zu versteuernden Betriebsvermögen angesetzt werden. So ergibt sich ein reduziertes steuerpflichtiges Betriebsvermögen von 270.000 €. Folglich würde bei einem begünstigtem Betriebsvermögen von 3.000.000 € kein Abzugsbetrag mehr möglich sein.

4.4 Entlastungsbetrag bei Betriebsvermögen

In § 19 a ErbStG ist geregelt, dass natürliche Personen der Steuerklasse II und III im Erbfall von Betriebsvermögen den Steuerpflichtigen der Steuerklasse I vollständig gleichgestellt sind.[179] Dieser Entlastungsbetrag wird nur bei Unternehmensfortführung und nicht bei Verkauf während der Haltefrist von sieben oder zehn Jahren gewährt. Die Entlastung bezieht sich nur auf den zu versteuernden 15%-Vermögensanteil bei der Regelverschonung. Bei der Optionsverschonung entfällt der zu versteuernde Anteil und der Entlastungsbetrag entfällt gleichermaßen. Bei einem Verstoß gegen die Lohnsummenregel bleibt der Entlastungsbetrag in vollem Umfang erhalten.[180]

[177] Vgl. Schmidt [2008], S. 244.
[178] Vgl. Zipfel [2009], S. 145.
[179] Vgl. Eisele [2009], S. 82.
[180] Vgl. Halaczinsky; Riedel [2009], S. 180.

5. Verstöße und Gestaltung bei der Begünstigung

Das Ziel der Gesetze §§ 13 a, 13 b und 19 a ErbStG ist eine Fortführung der erworbenen Unternehmen bei Beibehaltung der Arbeitsplätze über sieben bzw. 10 Jahre. Der Gesetzgeber verbindet damit die, dem Gemeinwohl dienende, Arbeitsplatzerhaltung mit der Steuerverschonung.[181] Die Verstöße gegen die Begünstigungsregeln umfassen die kumulierte Lohnsumme, Überentnahmen durch den Erwerber und Beibehaltung des Betriebsvermögens während der Haltefrist. Verstöße führen zu einem kompletten oder anteiligen Wegfall der Steuerverschonung und entsprechender Nachversteuerung.[182] Die Beispielrechnung im Anhang II gibt einen praxisnahen Überblick der verschiedenen schädlichen Ereignisse.

5.1 Schädliche Ereignisse bei der Lohnsummenregel

Die Gewährung des Verschonungsabschlags setzt die Einhaltung von 650% oder 1000% der Ausgangslohnsumme nach sieben oder zehn Jahren entsprechend § 13 a Abs. 8 i.V.m. § 13 b Abs. 4 ErbStG voraus. Die Ausgangslohnsumme ist nach § 13 a Abs. 1 S. 3 ErbStG die durchschnittliche Lohnsumme der letzten fünf, vor dem Zeitpunkt der Entstehung der Steuer endenden, Wirtschaftsjahre. Die Lohnsumme umfasst nach§ 13 a Abs. 1 S. 4 ErbStG alle Vergütungen an die, in Lohn- und Gehaltslisten erfassten, Arbeitnehmer. Zu der Lohnsumme gehören auch alle Steuern, Versicherungsbeiträge, die für die Beschäftigten bezahlt werden. Aus der Gesetzes- Formulierung folgt, dass keine Indexierung, z.B. Tariflohnerhöhung, Inflationszulage, der Lohnsumme vorgenommen wird. Die Kontrolle der erreichten Lohnsumme findet nicht jährlich, sondern nur kumulativ, nach Ablauf der Behaltensfrist, statt. Diese Regelung ist für den Steuerpflichtigen vorteilhaft, da vorübergehende Unterschreitungen durch Überschreitungen ausgeglichen werden können.[183] Obwohl Gestaltungsspielraum zur Erhöhung der Lohnsumme, z.B. Umwandlung temporärer Leiharbeiter in eigene Mitarbeiter und anderer Dienstleistungen in Eigenleistung, vorhanden ist, kann durch Markteinflüsse oder Unternehmenseinflüsse eine Unterschreitung der Lohnsumme eintreten.
Verstöße gegen die Lohnsummenregelung führen nicht zu drastischen "Fallbeilregelungen" sondern nur zu moderaten "Abschmelzregelungen". Sollte beispielsweise am Ende der siebenjährigen Haltefrist die Lohnsumme statt bei 650% nur bei 585% der Ausgangslohnsumme liegen, so führt diese 10%-Abweichung auch nur zu einer Abschmelzung der Verschonung um 10% von 85% auf 76,5%.[184] In Folge dieser Veränderung ist auch eine entsprechende Nachversteuerung vorzunehmen.

---

[181] Vgl. Halaczinsky; Riedel [2009], S. 181.
[182] Vgl. Radeisen [2008], S. 145 f.
[183] Vgl. Schulte; Birnbaum [2009], S. 303.
[184] Vgl. Schulte; Birnbaum [2009], S. 303.

5.2 Verstöße gegen die Behaltensregel

Das am Übertragungszeitpunkt vorhandene Betriebsvermögen muss während der Haltefrist von sieben oder zehn Jahren im Unternehmen erhalten werden. Dies betrifft Veräußerungen, Betriebsaufgabe oder Entnahmen wesentlicher Betriebsvermögensanteile.[185] § 13 a Abs. 5 ErbStG legt fest, dass auch beim Verstoß gegen die Behaltensregel kein Fallbeileffekt entsteht, sondern nur eine zeitanteilige Minderung der Steuerverschonung vorzunehmen ist. Wird beispielsweise nach Vollendung von vier Jahren ein Verkauf getätigt, so führt diese pro rata temporis-Regel zu einer Reduzierung des Verschonungsprozentsatzes um $\frac{3}{7} * 85\% \triangleq 36{,}4\%$ bei dem Regelverschonungsmodell.[186]

5.3 Schädliche Überentnahmen

Schädliche Überentnahmen lt. § 13 a Abs. 5 ErbStG entstehen, wenn beispielsweise der Inhaber eines Gewerbebetriebs die Summe seiner Einlagen und Unternehmensgewinne sowie 150.000 € vom Beginn des Erwerbs bis zum Ende des letzten, in die Siebenjahresfrist fallenden, Wirtschaftsjahres aus dem Betrieb entnimmt. Unternehmensverluste bleiben unberücksichtigt.

Da erst am Ende der Behaltensfrist eine Überentnahme schädigend wirkt, kann der Steuerpflichtige noch vor Ablauf der Frist durch eine zusätzliche Einlage eine negative Veränderung seines Verschonungsanteils abwenden.[187]

Bei der Berechnung einer Nachversteuerung wird das begünstigte Basisvermögen um den Überentnahmebetrag gekürzt und die Kalkulation des zu versteuernden Vermögens unter Einbeziehung der Verschonungsregel neu kalkuliert.[188]

5.4 Gestaltungsmöglichkeiten

Zur Erlangung der optimalen Steuerbegünstigung bei Erwerb von Betriebsvermögen im Rahmen einer Erbschaft oder vorweggenommenen Erbfolge bestehen Gestaltungsmöglichkeiten, insbesondere zwei bis fünf Jahre vor Eintritt des Ereignisses. Zur Beibehaltung der Verschonungsbeträge während der Behaltensfrist sind ebenfalls, allerdings beschränkte, Gestaltungsmöglichkeiten vorhanden.

Eine Risikoreduzierung bei den sogenannten "schädlichen Überentnahmen" kann nur durch Entnahme von Beträgen vor dem Übertragungszeitpunkt oder durch Zahlung von Ausgleichsbeträgen während der Behaltensfrist eintreten.[189] Die Gestaltungsmöglich-

[185] Vgl. Radeisen [2008], S. 145.
[186] Vgl. Eisele [2009], S. 36.
[187] Vgl. Richter; Viskorf; Phillips [2009], S. 6.
[188] Vgl. Radeisen [2008], S. 151.
[189] Vgl. Jordan [2009], S. 235.

keiten beim Verwaltungsvermögen und bei der Lohnsummenklausel werden nachfolgend gesondert behandelt.

5.4.1 Verwaltungsvermögen

Die wichtigste Voraussetzung für die Gewährung der Begünstigung ist das Bestehen des Verwaltungsvermögenstests. Nur maximal 10%, bei der Regelverschonung, und maximal 50%, bei der Optionsverschonung, des Unternehmensvermögens darf aus Verwaltungsvermögens bestehen. Wird diese Grenze beim Test überschritten, fällt das gesamte Unternehmen nach dem "Alles-oder-Nichts-Prinzip" aus der Begünstigung heraus. Verwaltungsvermögen mit einem Alter unterhalb 2 Jahren wird bei der Berechnung grundsätzlich ausgesondert.[190] Sollte im Rahmen einer langfristigen Nachfolgeplanung sichtbar sein, dass der 10%- oder 50%-Anteil nicht ausgenutzt wird, so kann z.B. durch Einbringung von Privatvermögen bis zwei Jahre vor dem Stichtag der steuerbegünstigte Unternehmenswert aufgestockt werden.[191] Oft besteht aber die Notwendigkeit, eine Minderung des Verhältnisses von Brutto-Verwaltungswert zum Netto- Unternehmenswert zur Einhaltung der Grenzwerte vorzunehmen. Eine relativ einfache Möglichkeit eröffnet sich durch die Bildung von Tochtergesellschaften. Nach § 13 b Abs. 2 S. 1 ErbStG kann das Verwaltungsvermögen der Tochtergesellschaften 50% betragen, ohne dass eine Anrechnung bei der Muttergesellschaft erfolgt.[192] Das scharfe "Alles-oder-Nichts-Prinzip" kann sogar in Grenzfällen dazu führen, dass der Steuerpflichtige durch die Wahl einer alternativen Unternehmensbewertungsmethode versucht, den gemeinen Wert des Unternehmens zu erhöhen, um den Prozentsatz des Verwaltungsvermögens zu senken. So wird in vielen Fällen die Bewertung nach dem vereinfachten Ertragswertverfahren zu höheren Werten als bei der Ertragswertmethode nach IDW S 1 führen.[193]

Diese Gestaltungsansätze zeigen, dass eine frühzeitige, detaillierte Planung einer Unternehmensübertragung notwendig ist, um die steuerschonenden Möglichkeiten auszunutzen.

5.4.2 Lohnsummenklausel

Bei Betrieben mit mehr als zehn Beschäftigten muss nach Ablauf der Behaltensfrist eine Gesamtlohnsumme von 650% (Regelverschonung) oder 1000% (Optionsverschonung) für die volle Gewährung der Begünstigung erreicht werden. Es findet keine statische Jahresbetrachtung und keine Dynamisierung der Ausgangslohnsumme statt.[194]

---

[190] Vgl. Zipfel [2009], S. 169.
[191] Vgl. Halaczinsky; Riedel [2009], S. 177.
[192] Vgl. Jordan [2009], S. 235.
[193] Vgl. Eisele [2009], S. 53.
[194] Vgl. Welling; Wünnemann [2009], S. 374.

Für die Ermittlung der Ausgangslohnsumme ist der Durchschnitt der letzten fünf Jahre vor dem Erwerbszeitpunkt maßgebend.[195] Gestaltungsmöglichkeiten eröffnen sich beispielsweise durch "make or buy-Maßnahmen" oder durch temporären Einsatz von Leiharbeitern. Beim make or buy-Thema können z.B., möglichst weit vor dem Stichtag, Fertigungen oder Dienstleistungen an einen fremden Dritten übertragen werden. Die Kosten erscheinen dann nicht mehr als Lohn sondern als Dienstleistung im Budget. Nach dem Eigentümerwechsel und Beginn der Behaltensfrist kann die Maßnahme dann rückgängig gemacht werden. Ähnlich verhält es sich bei den Leiharbeitern und freien Mitarbeitern, die anstelle von eigenen Mitarbeitern, temporär im Unternehmen eingesetzt werden.[196] Gem. § 13 a Abs. 4 ErbStG werden Leiharbeiter bei der Lohnsumme nicht erfasst. Kleinere Lohnsummenveränderungen können durch das zeitliche Verschieben von Sonderzahlungen vorgenommen werden.

Alle Gestaltungsmaßnahmen sind langfristig vor dem Termin der Unternehmensübertragung einzuleiten. Die aktuelle Konjunktursituation, verbunden mit einem deutlichem Umsatz- und Auftragsrückgang der meisten deutschen Unternehmen, führt bereits zu öffentlichen Diskussionen über die Kriterien der Lohnsummenregel. Dieses Thema wurde von dem Präsidenten des DIHK Prof. Hans Heinrich Driftmann in einem Schreiben vom 16. Juli 2009 an den Bundesminister der Finanzen Peer Steinbrück aufgegriffen. In dem Schreiben wird dargestellt, dass das Kurzarbeitergeld nicht zur Lohnsumme gehört und dass durch konjunkturbedingten Beschäftigungsrückgang die Einhaltung der Lohnsummenklausel oft nicht mehr gewährleistet ist.[197] In der Antwort vom 10. August 2009 des Bundesministers der Finanzen wird eindeutig zum Ausdruck gebracht, dass auch das vom Arbeitgeber an die Arbeitnehmer ausgezahlte Kurzarbeitergeld der Lohnsumme zugehörig ist und dass das Finanzministerium keinen Anlass sieht, Überlegungen für Änderungen der Lohnsummenklausel anzustellen. Aufgrund der großzügigen steuerlichen Begünstigung von Betriebserben und moderaten Lohnsummenbedingungen sind weitere Lockerungen nicht mehr rechtzufertigen.[198]

In einer Pressemitteilung vertreten auch das bayrische und das baden-württembergische Finanzministerium am 24.09.2009 die Rechtsauffassung des BMF mit der Aussage, dass das Kurzarbeitergeld bei der Lohnsummenermittlung zu berücksichtigen ist.[199] Im Gegensatz zum Bundesminister sind die zwei Landesfinanzminister allerdings der Auffassung, dass die gesamte Lohnsummenklausel überarbeitet werden muss, da sie "nicht praxisgerecht und wirtschaftlich unzumutbar" ist.[200] Daraus folgt, dass Nachbesserungen oder gerichtliche Auseinandersetzungen zu erwarten sind.

---

[195] Vgl. Welling; Wünnemann [2009], S. 374.
[196] Vgl. Eisele [2009], S. 83.
[197] Vgl. Deutsche Industrie- und Handelskammer [2009].
[198] Vgl. Bundesministerium der Finanzen [2009], S. 1 f.
[199] Vgl. Bayerisches Staatsministerium der Finanzen Pressemitteilung [2009].
[200] Bayerisches Staatsministerium der Finanzen Pressemitteilung [2009].

5.4.3 Regierungsentwurf zur Gesetzesänderung

Die Nachbesserungsphase hat bereits begonnen. Die Regierungsfraktionen haben am 09.11.2009 einen Entwurf des Wachstumsbeschleunigungsgesetzes veröffentlicht, der auch deutliche Änderungen bei der Erbschaftsteuer im Unternehmensbereich vorsieht. Ziel ist die Beseitigung von Wachstumshemmnissen und Verbesserungen der Bedingungen für die Unternehmensnachfolge.[201] Die Freistellungsgrenze bei der Lohnsummenregel wurde bei Betrieben von zehn auf zwanzig Beschäftigte erhöht.[202]
Die Gesetzesänderungen in § 13 a ErbStG sehen vor, dass der Behaltenszeitraum von sieben auf fünf Jahre und von zehn auf sieben Jahre verkürzt wird und die Lohnsumme sich absenkt von 650% auf 400% (bei fünf Jahren) und von 1000% auf 700% (bei sieben Jahren).[203] Die Gesetzesänderungen sollen Anfang 2010 in Kraft treten und ab dem 01.01.2010 gelten.[204] Mit dieser Nachbesserung werden sich die Bedingungen zur Beibehaltung der Verschonung deutlich verbessern, jedoch unterbleibt eine Minderung der Barrieren (Verwaltungsvermögensgrenze) zur Gewährung der Steuerverschonung.

[201] Vgl. BT-Drucksache 17/15, S. 1 f.
[202] Vgl. BT-Drucksache 17/15, S. 10.
[203] Vgl. BT-Drucksache 17/15, S. 10 f.
[204] Vgl. BT-Drucksache 17/15, S. 11.

6. Synthese

Wie die Untersuchung zur Anwendung und Auslegung des BewG sowie des BewErl hinsichtlich der Bewertungshierarchie gezeigt hat, ergibt sich eine Vielzahl von unklaren Gesetzesformulierungen, die gerichtliche Auseinandersetzungen zwischen dem Stpfl. und der Finanzverwaltung determiniert. So bleibt ungeklärt, wann genau eine andere anerkannte marktübliche Methode vorliegt und folglich anzuwenden ist. Demnach ist das Verhältnis der marktüblichen Methoden zu den Ertragswertverfahren teilweise unklar. Außerdem bleibt die Frage offen, wo der Bereich des offensichtlich unzutreffenden Ergebnisses bei der Anwendung des vereinfachten Ertragswertverfahrens explizit beginnt. So wird die Finanzverwaltung in die Lage versetzt, eine mögliche offensichtliche Fehlbeurteilung als Exit für die Verweigerung des vereinfachten Ertragswertverfahrens zu verwenden.[205]
Der rechnerische Vergleich zwischen dem vereinfachten Ertragswertverfahren und dem Ertragswertverfahren nach IDW S 1 hat gezeigt, dass es durch den Einfluss der Konjunkturlage zu einer extremen Streuung bei den Unternehmenswerten kommen kann. Jedoch lassen sich durch diverse Einschränkungen, wie die Beachtung der Verwaltungsvermögensgrenze, sowie der Öffnungsklausel des Abschnitt 21 Abs. 5 BewErl, keine allgemein gültigen Aussagen ableiten, in welchem konjunkturellen Szenario eine Methode generell vorteilhaft ist. Weiterhin wurde die Bedeutsamkeit der Hebelwirkung des Kapitalisierungsfaktors nachgewiesen. Die einschlägige Untersuchung hat gezeigt, dass gerade in Zeiten der Finanz- und Wirtschaftskrise durch die hohen Verschuldungsquoten und großen Unternehmensrisiken, der starre Betafaktor von eins bei den meisten Unternehmen viel zu niedrig ist und somit zu deutlichen Fehlbewertungen, in Folge zu hoher Diskontierungsfaktoren, führen wird. Tendenziell kann man aus den Untersuchungsergebnissen ableiten, dass bei dem vereinfachten Ertragswertverfahren, aufgrund der aktuellen Rezession, der nachhaltig erzielbare Jahresertrag wegen der vergangenen ertragsreichen Zeit zu hoch und der Kapitalisierungszinssatz wegen der hohen Verschuldung und der Unternehmensrisiken zu niedrig ist. Demzufolge wird die zukünftige negative wirtschaftliche Entwicklung nicht hinreichend berücksichtigt, so dass in der aktuellen wirtschaftlichen Situation die Bewertung nach IDW S 1 oftmals zu präferieren ist. Da sich der größte Spielraum zur Gestaltung durch die Vielfalt der anwendbaren Bewertungsmethoden ergibt,[206] ist der Unternehmenswert jedes Einzelfalls mit mehreren Methoden zu kalkulieren, um die steueroptimale Bewertungsmethode herauszufinden.

---

[205] Vgl. Gerber; König [2009], S. 133.
[206] Vgl. Stamm; Blum [2009], S. 769.

Die Steuerbegünstigung von Betriebsvermögen orientiert sich an der Zielsetzung der reibungslosen Unternehmungsnachfolge, der Unternehmensaufrechterhaltung und der nachhaltigen Arbeitsplatzsicherung. Zur Erreichung dieser Ziele wurde ein bürokratisch aufwendiges Regelwerk installiert, dass bei optimaler Voraussetzung und Anwendung zu hohen Verschonungsanteilen führen kann. Allerdings führte der lange Behaltenszeitraum von sieben bzw. zehn Jahren und die damit verbundene Lohnsummenregel, insbesondere in der derzeitigen, und noch länger anhaltenden, Konjunkturschwäche zu massiver Kritik der Unternehmer und ihrer Verbände.[207] Der Druck auf den Gesetzgeber war so stark, dass er Nachbesserungen bei der Behaltensfrist und Lohnsummenklausel in einem sogenannten Wachstumsbeschleunigungsgesetz "versteckte" und bereits Anfang 2010 in Kraft setzen will.[208] Durch diese Besserstellung des Betriebsvermögens fühlen sich andere Interessensgruppen, z.B. der Bundesverband Freier Immobilien- und Wohnungsunternehmen (BFW), benachteiligt.[209]

Gesetzes-Reparaturmaßnahmen, die die Wünsche bestimmter Interessensgruppen erfüllen, führen zur Benachteiligung anderer Stpfl. und erhöhen die Gefahr einer Unvereinbarkeit mit dem Gleichheitsgrundsatz. Mit Folgeänderungen kann die systeminhärente Problematik der Begünstigungsgesetze kaum gelöst werden.

[207] Vgl. Deutsche Industrie- und Handelskammer [2009].
[208] Vgl. BT-Drucksache 17/15, S. 1.
[209] Vgl. Riedel [2009], S. 13.

7. Fazit

Die Neuregelungen im Erbschaftsteuer- und Bewertungsrecht führen zu deutlichen Belastungsverschiebungen, die Gewinner und Verlierer hervorbringen.[210] Da bei der Bewertung des Betriebsvermögens auf der ersten Stufe meistens deutlich höhere Bemessungsgrundlagen entstehen, ist es notwendig geworden, auf der Verschonungsebene hohe Begünstigungsabschläge vorzunehmen. Diejenigen Unternehmen, die es schaffen, die Voraussetzungen für diese Begünstigungsabschläge einzuhalten, gehören eindeutig zu den Gewinnern. Wer die begünstigenden Regelungen jedoch nicht erfüllt, beispielsweise wegen einem zu hohen Verwaltungsvermögensanteil, muss mit einer teilweise verheerenden steuerlichen Mehrbelastung rechnen.[211] Daher sind vor allem die ertragsstarken Kapitalgesellschaften steuerlich besser gestellt, da sie aufgrund der, am Ertrag ausgerichteten, hohen Bewertung den Verwaltungsvermögenstest einfacher bestehen und somit leichter von den Verschonungsoptionen Gebrauch machen können. Die ertragsschwächeren Personenunternehmen mit hohen stillen Reserven werden es hingegen schwerer haben, die entlastenden Verschonungsmöglichkeiten zu erfüllen.[212] So werden viele Unternehmen nicht nur der Verschonung auf der zweiten Ebene entzogen, sondern auch der Höherbewertung auf der ersten Stufe zum Opfer fallen und folglich einer erheblichen Steuerbelastung ausgesetzt werden. Dieses Untersuchungsergebnis widerspricht eindeutig den Zielvorgaben des Gesetzgebers, der in der Gesetzesbegründung angekündigt hat, insbesondere die kleinen und mittelständischen Unternehmen steuerlich besser zu stellen.[213] Die zweite Ebene schafft durch diese vielen, teilweise sehr schwierig zu erfüllenden und nicht immer zielführenden Begünstigungen eine, verfassungsrechtlich nicht gerechtfertigte, Ungleichbehandlung des Stpfl. bei der Übertragung von Betriebsvermögen.[214] Daraus ist auch abzuleiten, dass die vertikale Steuergerechtigkeit auf der zweiten Ebene bei dem Betriebsvermögen nicht gewährleistet ist.

Durch die generelle Ausrichtung am gemeinen Wert i.S.d. § 9 BewG ist auf der Bewertungsebene, die sich an den Grundsätzen der Rechtsformneutralität und Gesamtbewertung orientiert, eine dem Art. 3 Abs. 1 GG konforme, horizontal gerechte, erbschaftsteuerliche Unternehmensbewertung gegeben.

Bei der aktuellen Gesetzeslage ist zweifelhaft, ob die angestrebte Umverteilung von Erbvermögen zugunsten des Gemeinwohls voll erreicht wird. Denn die Kosten, sowohl bei den Behörden als auch bei den Steuerpflichtigen, werden durch die unklare Gesetzeslage und dem hohen Verwaltungsaufwand, in Folge der Gutachtennachweise und

---

[210] Vgl. Welling; Wünnemann [2009], S. 383.
[211] Vgl. Schulte; Birnbaum; Hinkers [2009], S.306.
[212] Vgl. Welling; Wünnemann [2009], S. 383.
[213] Vgl. BT-Drucksache 16/7918, S. 23.
[214] Vgl. Schulte; Birnbaum; Hinkers [2009], S.306.

Gerichtsauseinandersetzungen, stark ansteigen und den Effekt der Erbschaftsteuer für das Gemeinwohl somit verringern.

In Anbetracht der Relevanz der Erbschaftsregelungen für die deutsche Wirtschaft und den einzelnen Stpfl. ist ein Systemwechsel herbeizuführen. Sollte aus politischen Gründen keine komplette Abschaffung der Erbschaftsteuer möglich sein, wie in Österreich seit dem 01.08.2008, so kann der Gesetzgeber die Problematik auf der zweiten Ebene dadurch lösen, indem er auf die hohen Begünstigungen verzichtet und zugleich einen deutlich verringerten Steuersatz auf alle Erwerbsfälle einführt.[215] Die Abschaffung oder die Veränderung der Erbschaftsteuer wäre nicht nur gerechter, sondern würde auch das Volksvermögen schonen. Der hohe administrative und finanzielle Aufwand bei den Steuerpflichtigen, Finanzämtern und Gerichten wird drastisch reduziert und die Gefahr eines Verstoßes gegen Art. 3 GG vermieden.

Die Konklusion führt zu der Feststellung, dass die Bewertungsebene die Vorgaben des BVerfG erfüllt. Dagegen besteht bei der Begünstigungsebene zwangsläufig das Risiko eines Verstoßes gegen das Gleicheitsgebot des Art. 3 GG. Im Ergebnis ist somit die Begünstigungsebene im Zusammenhang mit den Steuersätzen zu reformieren oder die Erbschaftsteuer abzuschaffen.

[215] Vgl. Schulte; Birnbaum; Hinkers [2009], S.306.

Literaturverzeichnis

Bachmann, Mark; Widmann, Bernd [2009]
Die Übertragung von Unternehmensvermögen, in: Ernst & Young GmbH/ BDI (Hrsg.), Bonn, 2009, S. 92 - 132.

Ballwieser, Wolfgang [2007]
Unternehmensbewertung. Prozeß, Methoden und Probleme, 2. Aufl., Stuttgart, 2007.

Barthel, Carl [1996]
Unternehmenswert: Die vergleichsorientierten Bewertungsverfahren, in: Der Betrieb (DB), Ausg. 4, 1996, S. 149 - 163.

Balz, Ulrich; Bordemann, Heinz-Gerd [2009]
Vereinfachtes Ertragswertverfahren: Maßvolle Differenzierung anstelle einheitlicher Werte notwendig, in: Status: Recht, Ausg. 3, 2009, S. 77.

Bayerisches Staatsministerium der Finanzen Pressemitteilung [2009]
Pressemitteilung 339/2009 vom 24.09.2009, verfügbar unter: http://www.stmf.bayern.de/internet/stmf/aktuelles/pressemitteilungen/2009_339/index.htm, (09.11.2009).

Bundesministerium der Finanzen [2009]
Brief an DIHK vom 10.08.2009. Lohnsummenklausel der neuen Erbschaftsteuer GZ:IVC2S3730/07/004, verfügbar unter: http://www.ihk-koeln.de/upload/BMFAntwortschreibenNotfallklausel09_08_5082.pdf, (09.11.2009).

Bundesverfassungsgericht Pressemitteilung 11/2007 [2007]
Erbschaftsteuerrecht in seiner derzeitigen Ausgestaltung verfassungswidrig, Pressemitteilung Nr. 11/2007 vom 31. Januar 2007, verfügbar unter: http://www.bundesverfassungsgericht.de/pressemitteilungen/bvg07-011.html, (22.10.2009).

Creutzmann, Andreas [2008]
Unternehmensbewertung im Steuerrecht - Neuregelungen des Bewertungsgesetzes ab 1.1.2009, in: Der Betrieb (DB), Ausg. 51, 2008, S. 2784 - 2791.

Demuth, Ralf [2009]
Erbschaftsteuer- und Schenkungsteuerreform - Erster Überblick über die neuen gesetzlichen Rahmenbedingungen, in: Die Steuerberatung (Stbg), Ausg. 1, 2009, S. 9 - 13.

Deutsche Industrie- und Handelskammer [2009]
Brief an Peer Steinbrück. Lohnsummenklausel der neuen Erbschaftsteuer, verfügbar unter: http://www.ihk-koeln.de/upload/Schreiben Lohnsummeklausel09_07_5083.pdf, (08.11.2009).

Eisele, Dirk [2009]
Erbschaftsteuerreform 2009. Herne, 2009.

Eisele, Dirk [2009a]
Steuerliche Unternehmensbewertung nach dem Erbschaftsteuerreformgesetz, in: Berater Brief Betriebswirtschaft (BBB), Ausg. 3, 2009, S. 82 - 89.

Finance-Research [2009]
www.finance-Research.eu, verfügbar unter: http://www.finance-research.eu/2009/01/03/basiszinsen-bundesbank/, (7.11.2009).

Fürwentsches, Alexander [2009]
Übertragung von Betriebsvermögen nach neuem Erbschaftsteuerrecht, in: NWB Steuer- und Wirtschaftsrecht (NWB), Ausg. 37, 2009, S. 2908 - 2915.

Gerber, Christian; König, Jan [2009]
Die aktuelle Rezession als Herausforderung für das vereinfachte Ertragswertverfahren, in: Status: Recht, Ausg. 4/5, 2009, S. 132 - 133.

Halaczinsky, Raymond; Riedel, Christopher [2009]
Das neue Erbschaftsteuerrecht. Bonn, 2009.

Hachmeister, Dirk.; Wiese, Jörg [2009]
Der Zinsfuß in der Unternehmensbewertung: Aktuelle Probleme und Rechtsprechung, in: Die Wirtschaftsprüfung (WPg), Ausg. 1, 2009, S. 54 - 65.

Hering, Thomas [2006]
Unternehmensbewertung. München, 2. Aufl., Oldenbourg, 2006.

Hommel, Michael; Dehmel, Inga [2009]
Unternehmensbewertung. Case by case, 4. Aufl., Frankfurt am Main, 2009.

IDW [2008]
IDW Standard. Grundsätze zur Durchführung von Unternehmensbewertungen, Düsseldorf, 2008.

Jordan, Günther [2009]
Gestaltungsüberlegungen im Hinblick auf die Übertragung von Unternehmens vermögen im Rahmen der vorweggenommenen Erbfolge, in: Ernst & Young GmbH/ BDI (Hrsg.), 2009, S. 232 - 239.

Kohl, Torsten; Schilling, Dirk [2008]
Die Reform des Erbschaftsteuer- und Bewertungsrechts im Lichtes des IDW S 1 i.d.F. 2008, in: Steuer- und Bilanzpraxis (StuB), Ausg. 23, 2008, S. 909 - 917.

Mannek, Wilfried [2008]
Diskussionsentwurf für eine Anteils- und Betriebsvermögensbewertungsverordnung - AntBVBewV, in: Der Betrieb (DB), Ausg. 9, S. 423 - 430.

Matschke, Manfred; Brösel, Gerrit [2005]
Unternehmensbewertung. Funktionen - Methoden - Grundsätze, Wiesbaden, 2005.

Moxter, Adolf [1983]
Grundsätze ordnungsmäßiger Unternehmensbewertung. 2. Aufl., Wiesbaden, 1983.

Piltz, Detlev [2009]
Erbschaftsteuer- Bewertungserlass: Allgemeines und Teil A (Anteile an Kapitalgesellschaften), in: Deutsches Steuerrecht (DStR), Ausg. 36, 2009, S. 1829 - 1834.

Preißer, Michael; Hegemann, Jürgen; Seltenreich, Stephan [2009]
Erbschaftsteuerreform 2009. Die Neuregelungen des Erbschaftsteuer- und Bewertungsrechts, Freiburg, 2009.

Radeisen, Rolf-Rüdiger [2008]
Die Erbschaftsteuerreform 2008/2009. Stuttgart, 2008.

Richter, Andreas; Viskorf, Stephan; Phillip, Christoph [2009]
Reform der Erbschaftsteuer zum 1.1.2009, in: Der Betrieb (DB), Ausg. 6, 2009, S. 1 - 14.

Riedel, Donata [2009]
Erbschaftsteuer könnte durch neue Reform verfassungswidrig werden, in: Handelsblatt, Ausg. 223, 2009, S. 13.

Schulte, Wilfried; Birnbaum, Mathias; Hinkers, Josef [2009]
Unternehmensvermögen im neuen Erbschaftsteuer- und Bewertungsrecht Zweifelsfragen und Gestaltungsansätze, in: Betriebs Berater (BB), Ausg. 7, 2009, S. 300 - 306.

Schmidt, Eckerhard [2008]
Reform der Erbschaftsteuer, in: Die Wirtschaftsprüfung (WPg), Ausg. 6, 2008, S. 239 - 247.

Schwind, Heike; Schmidt, Volker [2009]
Das neue Begünstigungssystem für Betriebsvermögen, in: NWB Steuer- und Wirtschaftsrecht (NWB), Ausg. 22, 2009, S. 1654 - 1663.

Stamm, Andreas; Blum, Andreas [2009]
Die Bewertung von Betriebsvermögen nach dem neuen Erbschaftsteuerrecht, in: Steuer- und Bilanzpraxis (StuB), Ausg. 20, 2009, S. 763 - 769.

Stamm, Andreas; Blum, Andreas [2009a]
Erbschaftsteuerliche Bewertung von Betriebsvermögen: Vereinfachtes Ertragswertverfahren und Paketzuschlag, in: Steuer- und Bilanzpraxis (StuB), Ausg. 21, 2009, S. 806 - 812.

Welling, Berthold; Wünnemann, Monika [2009]
Die Beurteilung der Erbschaftsteuerreform aus Sicht der deutschen Wirtschaft, in: Ernst & Young GmbH/ BDI (Hrsg.), Bonn, 2009, S. 366 - 386.

Wiehle, Ulrich et al. [2008]
Unternehmensbewertung. Methoden Rechenbeispiele Vor- und Nachteile, Wiesbaden, 2008.

Zipfel, Lars [2009]
Erbschaftsteuerliche Begünstigung für Unternehmensvermögen, in: Ernst & Young GmbH/ BDI (Hrsg.), Bonn, 2009, S. 133 - 230.

Rechtsquellenverzeichnis

I. Gesetze

Bewertungsgesetz (BewG) vom 1.2.1991, BGBl. I S. 230 ff., zuletzt geändert durch das Erbschaftsteuerreformgesetz 2009 vom 24.12.2008, BGBl. I 2008, S. 3018 ff.

Einkommensteuergesetz (EStG) vom 8.10.2009, BGBL. I S. 3366 ff., zuletzt geändert durch Art. 8 Zweites Föderalismusreform-Begleitgesetz vom 10.8.2009, BGBl. II 2009, S. 2702, 2709 f.

Erbschaftsteuer- und Schenkungsteuergesetz (ErbStG) vom 27.2.1997, BGBl. I S. 378 ff., zuletzt geändert durch das Erbschaftsteuerreformgesetz vom 24.12.2008, BGBl. I 2008, S. 3018 ff.

Grundgesetz, (GG) vom 23.5.1949, BGBL. I S. 1 ff., zuletzt geändert durch Art. 1 Änderungsgesetz vom 29.07.2009, BGBl. I 2009, S. 2248 ff.

II. Gesetzesmaterialien

Bundestags-Drucksachen

Bundestags-Drucksache 16/7918 vom 28.01.2008, Gesetzentwurf der Bundesregierung, Entwurf eines Gesetzes zur Reform des Erbschaftsteuer- und Bewertungsrechts (Erbschaftsteuerreformgesetz- ErbStRG).

Bundestags-Drucksache 16/11107 vom 26.11.2008, Bericht des Finanzausschusses zu dem Gesetz der Bundesregierung, Entwurf eines Gesetzes zur Reform des Erbschaftsteuer- und Bewertungsrechts (Erbschaftsteuerreformgesetz - ErbStRG).

Bundestags-Drucksache 17/15 vom 09.11.2009, Gesetzentwurf der Fraktionen der CDU/CSU und FDP, Entwurf eines Gesetzes zur Beschleunigung des Wirtschaftwachstums (Wachstumsbeschleunigungsgesetz).

Bundesrats-Drucksachen

Bundesrats-Drucksache 4/08 vom 04.01.2008, Gesetzentwurf der Bundesregierung, Entwurf eines Gesetzes zur Reform des Erbschaftsteuer- und Bewertungsrechts (Erbschaftsteuerreformgesetz - ErbStRG).

Bundesrats-Drucksache 888/08 vom 05.12.2008, Beschluss des Bundesrates, Gesetz zur Reform des Erbschaftsteuer- und Bewertungsrechts (Erbschaftsteuerreformgesetz - ErbStRG).

Richtlinien und Verwaltungsanweisungen

I. Bundesfinanzministerium

Behörde	Datum	Aktenzeichen	Fundstelle
BMF	07.01.2009	IV C 2 - S 3102/07/0001 2009/0006060	BStBl. I 2009, S. 14.

II. Finanzbehörden der Länder

Behörde	Datum	Titel	Fundstelle
Finanzbehörden der Länder	25.06.2009	Anwendung der §§ 11, 95 bis 109 und 199 ff. BewG in der Fassung durch das ErbStRG	BStBl. I 2009, S. 698 - 711.
Finanzbehörden der Länder	25.06.2009	Anwendung der geänderten Vorschriften des Erbschaftsteuer- und Schenkungsteuergesetzes	BStBl. I 2009, S. 713 - 747.

Rechtssprechungsverzeichnis

I. Bundesverfassungsgericht

Gericht	Datum	Aktenzeichen	Fundstelle
BVerfG	07.11.2006	1 BvL 10/02	BStBl. II 2007, S. 192.

II. Bundesfinanzhof

Gericht	Datum	Aktenzeichen	Fundstelle
BFH	09.03.1994	II R 39/90	BStBl. II 1994, S. 394.

Anhang

Agenda

I. Vergleich von Unternehmenswertberechnungen

II. Erbschaftsteuer bei Übertragung von Betriebsvermögen

I. Vergleich von Unternehmenswertberechnungen

Entsprechend den Gesetzen und Erlassen werden bei der Ermittlung des gemeinen Wertes von Betriebsvermögen meistens Ertragswertverfahren angewendet. Im Regelfall hat der Stpfl. sich zwischen dem Ertragswertverfahren nach IDW S 1 und dem neuen, gesetzlich normierten, vereinfachten Ertragswertverfahren zu entscheiden. In den Untersuchungen werden die beiden Verfahren in zwei verschiedenen Konjunkturszenarien bei einem fiktiven, stark vereinfachten Beispiel angewendet.
Die Verwendung des IDW S 1 i.d.F. 2008 wird insoweit eingeschränkt, dass keine integrierten Planbilanzen und genauen Investitions- und Finanzierungsplanungen für die Beurteilung eines profunden Unternehmenskonzeptes berücksichtigt wurden, da sie für den Zweck dieses Beispiels nicht angemessen sind. In beiden Szenarien wird der Jahresüberschuss nicht ausgeschüttet, sondern zur Eigenkapitalstärkung vollständig thesauriert. Die Kalkulations- und Vergleichswerte werden zeigen, wie sich das starre Schema des vereinfachten Ertragswertverfahrens gegenüber den flexiblen Ansätzen des individuellen Ertragswertverfahrens auswirkt.
Das Szenario 1 geht von einer expansiven Wirtschaftslage aus und unterstellt kontinuierlich steigende Umsätze in dem Bewertungszeitraum. Das Szenario 2 beschreibt hingegen eine rezessive Wirtschaftslage mit stetig nachlassenden Umsätzen. In beiden Szenarien wird das Unternehmen nach IDW S 1 und dem vereinfachten Ertragswertverfahren bewertet. Zusätzlich wird noch der Substanzwert als Wertuntergrenze nach § 11 Abs. 2 S. 3 BewG ermittelt.

Das fiktive Beispiel geht von folgenden Daten und Fakten aus:

Hans P. ist Alleingesellschafter und Geschäftsführer der Sand- und Kiesgruben GmbH und überträgt im Rahmen einer vorweggenommenen Erbfolge den Betrieb zum 01.01.2009 an seinen ältesten Sohn.
Im Jahr 2005 hat P. wegen des hohen Kassenbestandes 10.000,00 € der Sand- und Kiesgruben GmbH in, die von der Bankberaterin angebotenen, Lehmann-Zertifikate investiert. In 2008 erfolgte sodann eine Teilwertabschreibung in voller Höhe aufgrund der Insolvenz von Lehmann-Brothers. In den Bilanzen befindet sich außerdem ein nicht betriebsnotwendiges Grundstück mit einem Buchwert von 80.000,00 €. Der gemeine Wert des unbebauten und nicht verwendeten Grundstücks beträgt 270.000,00 €. In dem Vermögen der Sand- und Kiesgruben GmbH befindet sich zudem seit vielen Jahren eine Beteiligung an einer Vertriebstochter. Die Beteiligung wurde aus eigenen Mitteln finanziert und bringt jährliche Erträge i.H.v. 3000,00 € ein. Die Beteiligung steht mit 12.000,00 € in den Büchern und weist einen gemeinen Wert von 19.000,00 € aus.

Szenario 1

Ausgangsbilanz

Der Abbildung 3 zeigt die letzten drei Bilanzen der Sand- und Kiesgruben GmbH vor dem Bewertungsstichtag. Die zur Eigenkapitalstärkung thesaurierten Gewinne wurden in den Jahren 2006 bis 2008 zum einen für die Tilgung von Verbindlichkeiten und zum anderen für Investitionen bei den Sachanlagen eingesetzt. Die abgeschriebenen Lehmann-Zertifikate im Jahr 2008 sind bei dem Posten "Wertpapiere des Anlagevermögens" der Abbildung 3 berücksichtigt worden.

Jahr Zeitraum	2008	2007	2006
A. Anlagevermögen	1.880.000	1.745.000	1.790.000
I. Immaterielle Vermögensgegenstände	0	0	0
II. Sachanlagen	1.868.000	1.723.000	1.768.000
Grundstücke und Bauten	900.000	920.000	940.000
Technische Anlagen und Maschinen	482.000	423.000	443.000
Betriebs- und Geschäftsausstattung	486.000	380.000	385.000
III. Finanzanlagen	12.000	22.000	22.000
Beteiligungen	12.000	12.000	12.000
Wertpapiere des Anlagevermögens		10.000	10.000
B. Umlaufvermögen	747.620	658.614	495.000
I. Vorräte	390.620	350.000	250.000
II. Forderungen	195.000	165.000	160.000
III. Kasse, Bank, Post	162.000	143.614	85.000
C. Aktiv. Rechnungsabgrenzungsposten	2.500	2.300	2.600
Summe Aktiva	2.630.120	2.215.614	2.287.600
A. Eigenkapital	921.520	683.314	480.000
B. Sonderposten mit Rücklageanteil	0	0	0
C. Rückstellungen	60.000	60.000	60.000
D. Verbindlichkeiten	1.648.600	1.662.600	1.747.600
Verbindlichkeiten gegenüber Kreditinstituten	880.000	890.000	915.000
Verbindlichkeiten aus Kontokorrent	0	0	0
Verbindlichkeiten aus Lieferungen und Leistungen	430.000	432.000	472.000
sonstige Verbindlichkeiten	338.600	340.600	360.600
Summe Passiva	2.630.120	2.405.914	2.287.600

Abbildung 3: Ausgangsbilanz; Szenario 1 (Quelle: eigene Darstellung/ Berechnung)

Szenario 1

Ausgangs-GuV

Der Abbildung 4 lassen sich die Erfolgsrechnungen der Jahre 2006 bis 2008 entnehmen. Die kontinuierlich steigenden Umsätze sind auf die expansive Wirtschaftlage in Szenario 1 zurückzuführen. Die Materialaufwendungen nehmen aufgrund der konstanten Materialeinsatzquote proportional zum Umsatz zu. Die Personalaufwendungen, Abschreibungen und sonstigen betrieblichen Aufwendungen erfahren hingegen nur eine unterproportionale Steigerung.

Jahr Zeitraum	2008	2007	2006
Umsatzerlöse	4.800.000	4.400.000	4.200.000
+ sonstige betriebliche Erträge	0	0	0
= Summe betriebliche Erträge	4.800.000	4.400.000	4.200.000
- Materialaufwand	3.696.000	3.388.000	3.234.000
= Rohergebnis	**1.104.000**	**1.012.000**	**966.000**
- Personalaufwand	440.450	435.800	440.280
- Abschreibungen	180.000	170.000	166.000
- Sonstige betriebliche Aufwendungen	83.550	58.200	48.720
= Betriebsergebnis	**400.000**	**348.000**	**311.000**
+ Zinsen und ähnliche Erträge	0	0	0
- Zinsen und ähnliche Aufwendungen	45.000	45.000	40.000
= Finanzergebnis	-45.000	-45.000	-40.000
= Ergebnis der gewöhnlichen Geschäftstätigkeit	**355.000**	**303.000**	**271.000**
+ außerordentliche Erträge			
- außerordentliche Aufwendungen	0	0	0
= Ergebnis vor Steuern	**355.000**	**303.000**	**271.000**
- Gewerbesteuer	55.912	47.722	42.682
- Körperschaftsteuer	60.882	51.964	46.476
= Jahresüberschuss/-fehlbetrag	**238.206**	**203.314**	**181.842**

Abbildung 4: Ausgangs-GuV; Szenario 1 (Quelle: eigene Darstellung/ Berechnung)

Szenario 1

Vereinfachtes Ertragswertverfahren

Jahr	2008	2007	2006
Gewinn i.S.d. §4 Abs. 1 S. 1 EStG	238.206	203.314	181.842
+ Sonderabschreibungen, erhöhte Absetzungen	10.000	0	0
+ Ertragssteueraufwand	116.794	99.686	89.158
= Hinzurechnungen	126.794	99.686	89.158
- Erträge aus Beteiligungen	3.000	3.000	3.000
= Kürzungen	3.000	3.000	3.000
= Bereinigtes Betriebsergebnis vor Steuern	362.000	300.000	268.000
- Ertragsteuer pauschal 30%	108.600	90.000	80.400
= Betriebsergebnis	253.400	210.000	187.600
x Gewichtungsfaktor	1	1	1
= Gewichtetes Betriebsergebnis	253.400	210.000	187.600
Durchschnittsertrag	217.000		
x Diskontierungsfaktor	12,33		
= Ertragswert vor gesondertem Ansatz	2.675.709		
+ Gesonderter Ansatz des Vermögens zum gemeinen Wert	289.000		
- Gesonderter Ansatz der Schulden	0		
= Vereinfachter Ertragswert des Unternehmens	**2.964.709**		

Abbildung 5: Wertberechnung nach dem v.Ewv.; Szenario 1
(Quelle: eigene Darstellung/ Berechnung)

Ausgangsgröße für das in Abbildung 5 dargestellte vereinfachte Ertragswertverfahren sind gem. § 202 Abs. 1 S. 1 BewG die Gewinne i.S.d. §4 Abs. 1 S. 1 EStG, die sich aus den Erfolgsrechnungen der Abbildung 4 für die Jahre 2006 bis 2008 entnehmen lassen. Im Jahr 2008 erfolgt eine Hinzurechnung gem. § 202 Abs. 1 Nr. 1 a BewG für die Abschreibung der Lehmann Zertifikate i.H.v. 10.000 €. Weiterhin werden die Ertragssteuern in den jeweiligen Jahre i.S.d. § 202 Abs. 1 Nr. 1 e BewG hinzugerechnet. Die Kürzungen für die Jahre 2006 bis 2008 entfallen lediglich auf die Erträge aus der Beteiligung i.H.v. 3000 € gem. § 202 Abs. 1 Nr. 2 b BewG. Aus den daraus sich ergebenden bereinigten Betriebsergebnissen der Jahre 2006 bis 2008 wird nach Berücksichtigung des pauschalen Ertragsteuerabzugs von 30% i.S.d. § 202 Abs. 3 BewG sodann der Durchschnittswert gem. § 201 Abs. 2 S. 1 BewG gebildet. Der Diskontierungsfaktor von 12,33 ergibt sich aus dem Kehrwert der Summe des starren Zuschlags von 4,5% gem. § 203 Abs. 1 BewG und dem Basiszins, der von der Deutschen Bundesbank anhand der Zinsstrukturdaten gem. § 203 Abs. 2 S. 2 BewG auf den ersten Börsentag des Jahres errechnet wird. Für das Jahr 2009 hat das Bundesfinanzministerium einen Basiszins von 3,61% bekannt gegeben.[216]

[216] Vgl. BMF vom 7.1.2009, IV C 2 - S 3102/07/0001 2009/0006060, BStBl. I 2009, S. 14.

Der Kehrwert des Kapitalisierungszinssatzes gem. § 202 Abs. 3 BewG ergibt sich demnach aus: $12{,}33 = \frac{100}{(4{,}5+3{,}61)}$. Das Produkt aus Durchschnittsertrag und Kapitalisierungsfaktor ergibt dann den Ertragswert vor gesondertem Ansatz. Letztendlich erfolgt die Hinzurechnung der gemeinen Werte aus der Beteiligung i.H.v. 19.000 € gem. § 200 Abs. 3 BewG und dem nicht betriebsnotwendigen Grundstück i.H.v. 270.000 € i.S.d. § 200 Abs. 2 BewG. So entsteht nach dem vereinfachten Ertragswertverfahren ein Unternehmenswert von 2.964.709 €.

Szenario 1

Ertragswert nach IDW S 1

Jahr Zeitraum	2009 Plan	2010 Plan	2011 Plan	2012 Plan
Umsatzerlöse	5.000.000	5.200.000	5.400.000	5.400.000
+ sonstige betriebliche Erträge	0	0	0	0
= Summe betriebliche Erträge	5.000.000	5.200.000	5.400.000	5.400.000
- Materialaufwand	3.850.000	4.004.000	4.158.000	4.158.000
= Rohergebnis	**1.150.000**	**1.196.000**	**1.242.000**	**1.242.000**
- Personalaufwand	445.000	454.000	454.000	454.000
- Abschreibungen	180.000	185.000	185.000	185.000
- Sonstige betriebliche Aufwendungen	83.550	83.550	83.550	83.550
= Betriebsergebnis	**441.450**	**473.450**	**519.450**	**519.450**
+ Zinsen und ähnliche Erträge	0	0	0	0
- Zinsen und ähnliche Aufwendungen	45.000	45.000	45.000	45.000
= Finanzergebnis	-45.000	-45.000	-45.000	-45.000
= Ergebnis der gewöhnlichen Geschäftstätigkeit	**396.450**	**428.450**	**474.450**	**474.450**
+ außerordentliche Erträge	0	0	0	0
- außerordentliche Aufwendungen	0	0	0	0
= Ergebnis vor Steuern	**396.450**	**428.450**	**474.450**	**474.450**
- Gewerbesteuer	62.440	67.480	74.725	74.725
- Körperschaftsteuer	67.991	73.479	81.368	81.368
= Jahresüberschuss/-fehlbetrag	**266.019**	**287.491**	**318.357**	**318.357**

Abbildung 6: Plan-GuV; Szenario 1 (Quelle: eigene Darstellung/ Berechnung)

Die Abbildung 6 stellt die Planerfolgsrechnung für die Sand- und Kiesgruben GmbH dar. Da die Unsicherheit der Kalkulationsgrößen mit wachsender zeitlicher Entfernung zunimmt, ist der Prognosezeitraum in zwei Phasen unterteilt. Die Jahre 2009 bis 2011 können hinreichend genau prognostiziert werden, daher erfolgt in dieser Phase eine Detailplanung. Dem Ergebnisüberschuss der zweiten Phase wird unterstellt, dass dieser nachhaltig konstant bleibt. Deshalb wird dieser Jahresüberschuss unter Berücksichtigung der "ewigen Rente" abgezinst.

Die betriebswirtschaftlichen Auswertungen haben zum Stichtag ergeben, dass die Umsätze aufgrund der expansiven Wirtschaftslage als auch der positiven Unternehmenssituation konstant steigen werden.

Bei der Berechnung der Materialaufwendungen wurde aufgrund von Erfahrungen in der Vergangenheit ebenfalls mit einer konstanten Materialeinsatzquote von 77%, bezogen auf den Umsatz, kalkuliert. Der moderate Anstieg bei den Personalaufwendungen ist auf eine geringe Kostensteigerung zurückzuführen. Weitere Personaleinstellungen sind trotz zunehmendem Umsatz nicht geplant. Den Abschreibungen wird in den Prognosezeiträumen ebenfalls nur eine maßvolle Steigerung unterstellt, da nur Reinvestitionen in Höhe der Abschreibungen geplant sind. Der Zinsaufwand und die sonstigen betrieblichen Aufwendungen unterliegen keiner Kostensteigerung und sind unabhängig vom Umsatz, so dass bei diesen Positionen Konstanz unterstellt wird. Da die Positionen der Rentenphase nicht genau prognostiziert werden können, entsprechen die Beträge denen der Detailplanung für das Jahr 2011.

Jahr Zeitraum	2009 Plan	2010 Plan	2011 Plan	2012 Rent
Risikofreier Basiszinssatz in %	4,25	4,25	4,25	4,25
Risikozuschlag in %	5,00	5,00	5,00	5,00
Kapitalisierungszins vor Wachstumabschlag in %	9,25	9,25	9,25	9,25
Wachstumsabschlag in %				1,00
Kapitalisierungszins in %	**9,25**	9,25	**9,25**	8,25
Diskontierungsfaktor	0,9153	0,8378	0,7668	9,2945

Abbildung 7: Berechnung des Kapitalisierungszins; Szenario 1
(Quelle: eigene Darstellung/ Berechnung)

Der Abbildung 7 lässt sich die Berechnung des Kapitalisierungszins entnehmen. Als risikofreier Basiszins wurde entsprechend der Zinsstrukturkurve der Deutschen Bundesbank für die Detail- und die Rentenphase 4,25% gewählt.[217] Der Marktrisikozinssatz wurde entsprechend einer Marktrisiko- und Kapitalmarktanalyse auf 5,00% für beiden Phasen festgesetzt. Als Risikomaßstab, dem sogenannten β -Faktor, wurde aus Branchenwerten, sowie Markt- und Unternehmensanalysen eine mittlere Volatibilität und Risiko ermittelt und somit ein β-Faktor von 1,0 festgelegt. Die prognostizierten Inflationstendenzen ab dem Jahr 2012 führen zu einem Wachstumsabschlag von 1,00% für die Rentenphase. Der Diskontierungsfaktor ergibt sich für die jeweiligen Zeiträume der Detailplanung aus:

$$Diskontierungsfaktor_{Detailphase} = \frac{1}{(1+i_t)^{-t}}.$$

In der Rentenphase wird zudem die ewige Rente berücksichtigt, so dass sich der Diskontierungsfaktor wie folgt darstellt:

$$Diskontierungsfaktor_{Rentenphase} = \frac{1}{i_t} * DF_T.$$

[217] Vgl. Finance-Research [2009].

Dabei steht i_t für den Kapitalisierungszins im entsprechendem Jahr t und DF_T entspricht dem letzten Diskontierungsfaktor im Jahr T der Detailplanungsphase.

Jahr	Kapitalisierungszins	Diskontierungsfaktor	Kapitalisierungsgröße	Barwert der Nettoeinkünfte
2009	9,25 %	$0{,}9153 = \frac{1}{1{,}0925 * 1{,}000}$	266.019 €	**243.487 €** = 266.019 € * 0,9153
2010	9,25 %	$0{,}8378 = \frac{1}{1{,}0925 * 0{,}9153}$	287.491 €	**240.859 €** = 287.491 € * 0,8378
2011	9,25 %	$0{,}7668 = \frac{1}{1{,}0925 * 0{,}8378}$	318.357 €	**244.116 €** = 318.357 € * 0,7668
2012	8,25 %	$9{,}2945 = \frac{1}{0{,}0825 * 0{,}7668}$	318.357 €	**2.958.969 €** = 318.357 € * 9,2945
Summe der Barwerte				**3.687.431 €**
+ Gemeiner Wert des nicht betriebsnotwendigen Vermögen				**270.000 €**
Endgültiger Unternehmenswert				**3.957.431 €**

Abbildung 8: Berechnung des Unternehmenswertes nach IDW S 1; Szenario 1
(Quelle: eigene Darstellung/ Berechnung)

Die Abbildung 8 beschreibt für jeden Ermittlungszeitraum die genaue Herleitung des Diskontierungsfaktors, der, multipliziert mit der Kapitalisierungsgröße, den Barwert für den jeweiligen Zeitraum ergibt. Die Summe dieser Barwerte zzgl. des gemeinen Werts des nicht betriebsnotwendigen Vermögens ergibt sodann den endgültigen Unternehmenswert nach IDW S 1.

Szenario 1

Substanzwert

Der Substanzwert wird gem. § 11 Abs. 2 S. 3 BewG als Wertuntergrenze festgeschrieben und muss somit obligatorisch ermittelt werden, um ein mögliches Unterschreiten der Unternehmenswerte nach den Ertragswertverfahren festzustellen.

Jahr	31.12.2008 Buchwert	31.12.2008 Gemeiner Wert
Grundstücke und Bauten	900.000	1.800.000
Technische Anlagen und Maschinen	482.000	580.000
Betriebs- und Geschäftsausstattung	486.000	590.000
Vorräte	390.620	390.620
Forderungen	195.000	195.000
Kasse, Bank, Post	162.000	162.000
Beteiligung	12.000	19.000
ARAP	2.500	2.500
Summe	2.630.120	**3.739.120**
- Verbindlichkeiten	1.648.600	1.648.600
- Rückstellungen	60.000	60.000
Eigenkapital / **Substanzwert**	921.520	**2.030.520**

Abbildung 9: Gemeinen Werte zum 31.12.2008 in €; Szenario 1
(Quelle: eigene Darstellung/ Berechnung)

Die Abbildung 9 stellt die Buchwerte und die gemeinen Werte der Aktiva sowie der Verbindlichkeiten gegenüber. Für die Wirtschaftsgüter des beweglich abnutzbaren Anlagevermögens wurden die gemeinen Werte von Marktkennzahlen abgeleitet und angesetzt und nicht, wie nach dem Gesetz möglich, mit 30% der Herstell- oder Anschaffungskosten. Die Summe der gemeinen Werte abzüglich der Verbindlichkeiten und Rückstellungen ergibt dann den Substanzwert.

Szenario 2

Ausgangsbilanz

Jahr Zeitraum	2008	2007	2006
A. Anlagevermögen	1.925.000	1.890.000	1.790.000
I. Immaterielle Vermögensgegenstände	0	0	0
II. Sachanlagen	1.913.000	1.868.000	1.768.000
Grundstücke und Bauten	980.000	970.000	940.000
Technische Anlagen und Maschinen	498.000	473.000	443.000
Betriebs- und Geschäftsausstattung	435.000	425.000	385.000
III. Finanzanlagen	12.000	22.000	22.000
Beteiligungen	12.000	12.000	12.000
Wertpapiere des Anlagevermögens		10.000	10.000
B. Umlaufvermögen	593.510	562.491	495.000
I. Vorräte	285.000	280.000	250.000
II. Forderungen	188.510	177.491	160.000
III. Kasse, Bank, Post	120.000	105.000	85.000
C. Aktiv. Rechnungsabgrenzungsposten	2.600	2.600	2.600
Summe Aktiva	2.521.110	2.455.091	2.287.600
A. Eigenkapital	1.033.510	767.491	480.000
B. Sonderposten mit Rücklageanteil	0	0	0
C. Rückstellungen	60.000	60.000	60.000
D. Verbindlichkeiten	1.427.600	1.627.600	1.747.600
Verbindlichkeiten gegenüber Kreditinstituten	725.000	825.000	915.000
Verbindlichkeiten aus Kontokorrent	0	0	0
Verbindlichkeiten aus Lieferungen und Leistungen	402.000	452.000	472.000
sonstige Verbindlichkeiten	300.600	350.600	360.600
Summe Passiva	2.521.110	2.455.091	2.287.600

Abbildung 10: Ausgangsbilanz; Szenario 2 (Quelle: eigene Darstellung/ Berechnung)

Die Abbildung 10 zeigt analog zu Szenario 1 die letzten drei Bilanzen der Sand- und Kiesgruben GmbH vor dem Bewertungsstichtag bei rezessiver Wirtschaftslage. Die zur Eigenkapitalstärkung thesaurierten Gewinne wurden in den Jahren 2006 bis 2008, wie im ersten Szenario, zur Tilgung von Verbindlichkeiten und für Investitionen bei den Sachanlagen eingesetzt. Die abgeschriebenen Lehmann-Zertifikate wurden ebenfalls berücksichtigt.

Szenario 2

Ausgangs-GuV

Abgesehen von den sinkenden Umsätzen unterliegen die, in der Abbildung 11, dargestellten Erfolgsrechnungen der Jahre 2006 bis 2008 den gleichen Annahmen, wie im ersten Fall.

Jahr Zeitraum	2008	2007	2006
Umsatzerlöse	5.000.000	5.200.000	5.400.000
+ sonstige betriebliche Erträge	0	0	0
= Summe betriebliche Erträge	5.000.000	5.200.000	5.400.000
- Materialaufwand	3.850.000	4.004.000	4.158.000
= Rohergebnis	**1.150.000**	**1.196.000**	**1.242.000**
- Personalaufwand	445.000	454.000	454.000
- Abschreibungen	180.000	185.000	185.000
- Sonstige betriebliche Aufwendungen	83.550	83.550	83.550
= Betriebsergebnis	**441.450**	**473.450**	**519.450**
+ Zinsen und ähnliche Erträge	0	0	0
- Zinsen und ähnliche Aufwendungen	45.000	45.000	45.000
= Finanzergebnis	-45.000	-45.000	-45.000
= Ergebnis der gewöhnlichen Geschäftstätigkeit	**396.450**	**428.450**	**474.450**
+ außerordentliche Erträge	0	0	0
- außerordentliche Aufwendungen	0	0	0
= Ergebnis vor Steuern	**396.450**	**428.450**	**474.450**
- Gewerbesteuer	62.440	67.480	74.725
- Körperschaftsteuer	67.991	73.479	81.368
= Jahresüberschuss/-fehlbetrag	**266.019**	**287.491**	**318.357**

Abbildung 11: Ausgangs-GuV; Szenario 2 (Quelle: eigene Darstellung/ Berechnung)

Szenario 2

Vereinfachtes Ertragswertverfahren

In der Abbildung 12 ergibt sich der Unternehmenswert nach dem vereinfachten Ertragswertverfahren i.H.v. 4.030.107 €. Dieser berechnet sich, wie im Szenario 1, aus dem Produkt von Diskontierungsfaktor und gewichtetem Betriebsergebnis zzgl. der gesondert anzusetzenden gemeinen Werte.

Jahr	2008	2007	2006
Gewinn i.S.d. §4 Abs. 1 S. 1 EStG	**266.019**	**287.491**	**318.357**
+ Sonderabschreibungen, erhöhte Absetzungen	10.000	0	0
+ Ertragssteueraufwand	130.431	140.959	156.093
= Hinzurechnungen	140.431	140.959	156.093
- Erträge aus Beteiligungen	3.000	3.000	3.000
= Kürzungen	3.000	3.000	3.000
= Bereinigtes Betriebsergebnis vor Steuern	403.450	425.450	471.450
- Ertragsteuer pauschal 30%	121.035	127.635	141.435
= Betriebsergebnis	282.415	297.815	330.015
x Gewichtungsfaktor	1	1	1
= Gewichtetes Betriebsergebnis	282.415	297.815	330.015
Durchschnittsertrag	303.415		
x Diskontierungsfaktor	12,33		
= Ertragswert vor gesondertem Ansatz	3.741.107		
+ Gesonderter Ansatz des Vermögens zum gemeinen Wert	289.000		
- Gesonderter Ansatz der Schulden	0		
= Vereinfachter Ertragswert des Unternehmens	**4.030.107**		

Abbildung 12: Unternehmenswertberechnung nach dem v.Ewv.; Szenario 2 (Quelle: Eigene Darstellung/ Berechnung)

Szenario 2

Ertragswert nach IDW S 1

Jahr Zeitraum	2009 Plan	2010 Plan	2011 Plan	2012 Plan
Umsatzerlöse	4.800.000	4.400.000	4.200.000	4.200.000
+ sonstige betriebliche Erträge	0	0	0	0
= Summe betriebliche Erträge	4.800.000	4.400.000	4.200.000	4.200.000
- Materialaufwand	3.696.000	3.388.000	3.234.000	3.234.000
= Rohergebnis	**1.104.000**	**1.012.000**	**966.000**	**966.000**
- Personalaufwand	440.450	435.800	440.280	440.280
- Abschreibungen	180.000	170.000	166.000	166.000
- Sonstige betriebliche Aufwendungen	83.550	58.200	48.720	48.720
= Betriebsergebnis	**400.000**	**348.000**	**311.000**	**311.000**
+ Zinsen und ähnliche Erträge	0	0	0	0
- Zinsen und ähnliche Aufwendungen	45.000	45.000	40.000	40.000
= Finanzergebnis	-45.000	-45.000	-40.000	-40.000
= Ergebnis der gewöhnlichen Geschäftstätigkeit	**355.000**	**303.000**	**271.000**	**271.000**
+ außerordentliche Erträge				
- außerordentliche Aufwendungen	0	0	0	0
= Ergebnis vor Steuern	**355.000**	**303.000**	**271.000**	**271.000**
- Gewerbesteuer	55.912	47.722	42.682	42.682
- Körperschaftsteuer	60.882	51.964	46.476	46.476
= Jahresüberschuss/-fehlbetrag	**238.206**	**203.314**	**181.842**	**181.842**

Abbildung 13: Plan-GuV; Szenario 2 (Quelle: eigene Darstellung/ Berechnung)

Die sinkenden Umsätze der rezessiven Wirtschaftslage führen, wie in den Planerfolgsrechnungen der Abbildung 13 dargestellt, zu abnehmenden Jahresüberschüssen in den Prognosezeiträumen. Analog zu Szenario 1 unterliegt auch die Plan-GuV in Abbildung 13, sowie die Berechnung des Kapitalisierungszins in Abbildung 14 den selben Annahmen und Berechnungsschemen. Folglich bleiben die Diskontierungsfaktoren aus Abbildung 14 unverändert.

Jahr Zeitraum	2009 Plan	2010 Plan	2011 Plan	2012 Rent
Risikofreier Basiszinssatz in %	4,25	4,25	4,25	4,25
Risikozuschlag in %	5,00	5,00	5,00	5,00
Kapitalisierungszins vor Wachstumabschlag in %	9,25	9,25	9,25	9,25
Wachstumsabschlag in %				1,00
Kapitalisierungszins in %	**9,25**	**9,25**	**9,25**	**8,25**
Diskontierungsfaktor	0,9153	0,8378	0,7668	9,2945

Abbildung 14: Berechnung des Kapitalisierungszins; Szenario 2
(Quelle: eigene Darstellung/ Berechnung)

Nach dem Diskontieren der zeitlich abnehmenden Kapitalisierungsgrößen, sowie unter Hinzurechnung des gemeinen Werts des nicht betriebsnotwendigem Grundstück, ergibt sich, wie in Abbildung 15 ausgewiesen, ein endgültiger Unternehmenswert nach IDW S 1 i.H.v. 2.487.933 €.

Jahr	Kapitalisierungszins	Diskontierungsfaktor	Kapitalisierungsgröße	Barwert der Nettoeinkünfte
2009	9,25 %	$0{,}9153 = \frac{1}{1{,}0925 * 1{,}000}$	238.206 €	**218.030 €** = 238.206 € * 0,9153
2010	9,25 %	$0{,}8378 = \frac{1}{1{,}0925 * 0{,}9153}$	203.314 €	**170.336 €** = 203.314 € * 0,8378
2011	9,25 %	$0{,}7668 = \frac{1}{1{,}0925 * 0{,}8378}$	181.842 €	**139.436 €** = 181.842 € * 0,7668
2012	8,25 %	$9{,}2945 = \frac{1}{0{,}0825 * 0{,}7668}$	181.842 €	**1.690.130 €** = 181.842 € * 9,2945
Summe der Barwerte				**2.217.933 €**
+ Gemeiner Wert des nicht betriebsnotwendigen Vermögen				**270.000 €**
Endgültiger Unternehmenswert				**2.487.933 €**

Abbildung 15: Unternehmenswertberechnung nach IDW S 1; Szenario 2
(Quelle: eigene Darstellung/ Berechnung)

Szenario 2

Substanzwert

Zur Ermittlung des Substanzwerts als Untergrenze des Unternehmenswerts werden in der Abbildung 16 wieder die gemeinen Werte der Aktiva addiert und die Verbindlichkeiten sowie die Rückstellungen subtrahiert.

Jahr	31.12.2008 Buchwert	31.12.2008 Gemeiner Wert
Grundstücke und Bauten	980.000	1.960.000
Technische Anlagen und Maschinen	498.000	597.600
Betriebs- und Geschäftsausstattung	435.000	522.000
Vorräte	285.000	285.000
Forderungen	188.510	188.510
Kasse, Bank, Post	120.000	120.000
Beteiligung	12.000	19.000
ARAP	2.500	2.500
Summe	2.521.010	**3.694.610**
- Verbindlichkeiten	1.427.600	1.427.600
- Rückstellungen	60.000	60.000
Eigenkapital / **Substanzwert**	1.033.410	**2.207.010**

Abbildung 16: Gemeinen Werte zum 31.12.2008 in €; Szenario 2
(Quelle: eigene Darstellung/ Berechnung)

Szenario 1 und 2

Konklusion

Die Kalkulationen zeigen eindeutige Ergebnisse. Die Substanzwerte bleiben immer unterhalb der Ertragswerte und sind bei keinem Szenario anzusetzen.

Bei der expansiven Konjunktursituation in Szenario 1 führt das vereinfachte Ertragswertverfahren zu dem niedrigsten Unternehmenswert, da die vergangenen Erträge für die Zukunft fortgeschrieben wurden.
Umgekehrt verhält es sich bei der rezessiven Wirtschaftslage in Szenario 2. Hier führt das Ertragswertverfahren nach IDW S 1 zu dem geringeren Unternehmenswert.

In der Realität würden dieses Ergebnisse als Ausgangswerte für weitere Gestaltungsmaßnahmen eingesetzt werden. So muss u.a. geprüft werden, ob bei der Anwendung des vereinfachten Ertragswertverfahren kein unzutreffendes Ergebnis entsteht und der Anteil von dem Verwaltungsvermögen am Gesamtvermögen nicht zu groß wird, um die Verschonungsvoraussetzungen zu erfüllen.

Im Regelfall wird der Steuerpflichtige individuelle Vergleiche mit mehreren Verfahren und unterschiedlichen Einflussgrößen für eine optimale Steuergestaltung durchführen.

II. Erbschaftsteuer bei Übertragung von Betriebsvermögen

In einem Beispiel wird die Erbschaftsteuerbelastung bei der Übertragung von Betriebsvermögen ermittelt und die steuerlichen Konsequenzen bei Regelverstößen während der Behaltensfrist berechnet.

Steuersätze:

Hinsichtlich des persönlichen Verhältnisses des Erwerbers zum Erblasser werden gem. § 15 Abs. 1 ErbStG drei Steuerklassen unterschieden. Sollte der steuerpflichtige Erwerber gem. § 19 a Abs. 1 ErbStG eine natürliche Person sein und der Steuerklasse II oder III unterliegen, so ist beim Erwerb von Betriebsvermögen, von Betrieben der Land- und Forstwirtschaft und Anteilen an Kapitalgesellschaften i.S.d. § 19 a Abs. 2 ErbStG ein Entlastungsbetrag nach § 19 a Abs. 4 ErbStG abzuziehen. Für den steuerpflichtigen Erwerb ist i.S.d § 19 a Abs. 4 ErbStG sodann die Steuer nach Steuerklasse I zu berechnen. Demnach wird bei der Übertragung von Betriebsvermögen die Steuerklasse II und III der Steuerklasse I gleichgestellt. Die Abbildung 7 zeigt die, in Abhängigkeit vom Wert des steuerpflichtigen Erwerbs, steigenden Steuersätze.

Wert des Steuerpflichtigen Erwerbs gem. § 10 ErbStG	Steuerklasse I	Steuerklasse II	Steuerklasse III
52.000,00 €	**7 %**	30 %	30 %
256.000,00 €	**11 %**	30 %	30 %
512.000,00 €	**15 %**	30 %	30 %
5.113.000,00 €	**19 %**	30 %	30 %
12.783.000,00 €	**23 %**	50 %	50 %
25.565.000,00 €	**27 %**	50 %	50 %
Über 25.565.000,00 €	**30 %**	50 %	50 %

Tabelle 7: Übersicht der Steuersätze
(Quelle: eigene Darstellung in Anlehnung an § 19 Abs. 1 ErbStG)

Ausgangslage:

Der Inhaber eines Gewerbebetriebes vererbt seinem Sohn Betriebsvermögen in Höhe von 5 Mio. €. Weiteres Vermögen ist nicht vorhanden. In der nachfolgenden Beispielrechnung wird keine Nachlasskosten-Pauschale und Versorgungsfreibetrag angesetzt.

Steuerermittlung bei Anwendung der Regelverschonung

		€	€	€
	Betriebsvermögen § 13 b Nr. 1 ErbStG			**5.000.000**
-	Verschonungsabschlag 85%			**4.250.000**
=	Steuerpflichtiges Betriebsvermögen			**750.000**
-	Abzugsbetrag § 13 a Abs. 2 ErbStG; Abschmelzen		150.000	
	Betriebsvermögen	750.000		
-	Abzugsbetrag	150.000		
=	Übersteigender Betrag	600.000		
-	Davon 50%	300.000	300.000	
=	Verbleibender Abzugsbetrag		0	**0**
-	Persönlicher Freibetrag			**400.000**
=	Steuerpflichtiger Erwerb			**350.000**
	ErbSt-Satz			**19%**
=	ErbSt nach Steuerklasse I			**66.500**

Tabelle 8: Steuerermittlung bei der Regelverschonung
(Quelle: eigene Darstellung in Anlehnung an Zipfel [2009], S. 213)

Der Erbe hat die Erbschaftsteuer i.H.v. 66.500 € direkt zu entrichten.

Nachversteuerung bei Betriebsverkauf

Im dritten Jahr nach der Übertragung verkauft der Sohn den Gewerbebetrieb. Die übrigen Verschonungsbedingungen wurden bis zum Verkaufs-Stichtag eingehalten. Bei der siebenjährigen Behaltefrist verbleiben noch 4 Jahre und das Jahr des schädlichen Vorgangs. So ist der Verschonungsabschlag um $\frac{5}{7}$ entsprechend 60,7 Prozentpunkte zu vermindern und es verbleibt ein Abschlagswert von 24,3%.

		€	€	€
	Betriebsvermögen			**5.000.000**
-	Vorläufiger Verschonungsabschlag		85%	
-	Nachzuversteuernder Verschonungsabschlag	$\frac{5}{7}$ von 85%	60,7%	
=	Verschonungsabschlag nach § 13 a Abs. 5 ErbStG		24,3%	**1.215.000**
=	Steuerpflichtiges Betriebsvermögen			**3.785.000**
-	Persönlicher Freibetrag			**400.000**
=	Steuerpflichtiger Erwerb			**3.385.000**
-	ErbSt-Satz			**19%**
=	ErbSt nach schädlichem Vorgang			**643.150**
-	ErbSt im Übertragungszeitpunkt			**66.500**
=	ErbSt-Nachzahlung			**576.650**

Tabelle 9: Neuberechnung der ErbSt bei Betriebsverkauf
(Quelle: eigene Darstellung in Anlehnung an Zipfel [2009], S. 214)

Nachversteuerung bei zwei schädlichen Vorgängen

Zusätzlich zu dem kalkulierten Beispiel des Betriebsverkaufs wird die Nachversteuerungskalkulation erweitert um die Prüfung der Lohnsummenvoraussetzung. Der Verschonungsabschlag ist nach § 13 a Abs. 5 ErbStG zu kürzen. Im Abschnitt 16 Abs. 3 ErbErl wird definiert, dass der zu mindernde Verschonungsabschlag wegen Verkauf und Unterschreitung der Lohnsumme getrennt zu berechnen ist. Der höhere der beiden Beträge ist dann bei der Kürzung des Verschonungsabschlags anzusetzen.

Das bisherige Beispiel wird um folgenden Lohntatbestand erweitert:
Die Ausgangslohnsumme beträgt 500.000 €. Die erreichte Lohnsumme in den ersten zwei Jahren betrug 800.000 €. Im ersten Schritt wird die Minderung des Verschonungsabschlags um $\frac{5}{7}$ berechnet.

			€
Betriebsvermögen			**5.000.000**
Vorläufiger Verschonungsabschlag		85%	**4.250.000**
Minderung des Verschonungsabschlags	$\frac{5}{7}$ von 85%	-60,7%	**3.035.000**

Tabelle 10: Neuberechnung des Verschonungsabschlags
(Quelle: eigene Darstellung in Anlehnung an Zipfel [2009], S. 215)

Im nächsten Schritt wird die Minderung des Verschonungsabschlags in Folge der Lohnsummen-Unterschreitung ermittelt. Die Ausgangslohnsumme von 500.000 € wird mit 650% auf die Referenzlohnsumme hochgerechnet. So ergibt sich 3.250.000 €. Die Lohnsumme der zwei Jahre in Höhe von 800.000 € wird mit dem Referenzwert von 3.250.000 ins Verhältnis gesetzt und man erhält 24,6%. Die Differenz von 75,4% führt zu einer Minderung des Verschonungsabschlags von

$75{,}4\% * 4.250.000\,€ = 3.204.500\,€.$

Die Gegenüberstellung der beiden Abschläge zeigt eine Minderung wegen Verkauf von 2.580.000 € und eine Minderung wegen Unterschreitung der Lohnsumme i.H.v. 3.204.500 €.

Da der Minderungswert aufgrund der Lohnsummenunterschreitung höher ist, muss gem. Abschnitt 16, Abs. 3 ErbErl dieser höhere Wert angesetzt werden. Die kompletten Daten zu diesen zwei Fällen ergeben sich wie folgt:

		€	€	€
	Begünstigtes Betriebsvermögen			**5.000.000**
	Verschonungsabschlag im Übertragungszeitpunkt (85%)		4.250.000	
	1) Minderung des Verschonungsabschlags infolge des Lohnsummenverstoßes			
	a) Tatsächliche Lohnsumme	800.000		
	b) Notwendige Lohnsumme	3.250.000		
	c) Bis zur Veräußerung erreichter Anteil	24,6%		
	d) Bis zur Veräußerung nicht erreichter Anteil	75,4%		
-	2) Minderung des Verschonungsabschlags um	3.204.500		
	a) Behaltensjahre	2		
-	b) Minderung um $\frac{5}{7}$	71,43%		
-	c) Minderung um $\frac{5}{7}$	3.035.000		
-	3) Höhere der beiden Kürzungsbeträge		3.204.500	
-	Endgültiger Verschonungsabschlag		1.045.500	**1.045.500**
=	Steuerpflichtiges Unternehmensvermögen			**3.954.500**
-	Persönlicher Freibetrag			**400.000**
=	Steuerpflichtiger Erwerb			**3.554.500**
-	ErbSt-Satz			**19%**
=	ErbSt nach Steuerklasse I			**675.400**
-	ErbSt bei Übertragung			**66.500**
=	ErbSt-Nachzahlung			**608.900**

Tabelle 11: Berechnung der Erbschaftsteuernachzahlung
(Quelle: eigene Darstellung in Anlehnung an Zipfel [2009], S. 216)

Überentnahmen

Am Ende der Behaltensfrist erfolgt eine Überprüfung der Überentnahmen. Der Inhaber (Sohn) hat während dieser sieben Jahre Überentnahmen von 500.000 € getätigt. So sinkt rückwirkend das begünstigte Betriebsvermögen von 5.000.000 € auf 4.500.000 €. Für die Steuernachzahlung wird folgende Kalkulation angestellt:

	Rückwirkende Nachversteuerung	**€**	**€**
	Betriebsvermögen		**5.000.000**
-	Überentnahmen		**500.000**
	Rückwirkend begünstigtes Betriebsvermögen		**4.500.000**
-	Verschonungsabschlag	85%	**3.825.000**
=	Steuerpflichtiges Betriebsvermögen		**675.000**
+	Rückwirkend nicht begünstigtes Betriebsvermögen		**500.000**
=	Gesamter Vermögensanfall		**1.175.000**
-	Persönlicher Freibetrag		**400.000**
=	Steuerpflichtiger Erwerb		**775.000**
	ErbSt-Satz		**19%**
=	**ErbSt nach Steuerklasse I**		**147.250**
	ErbSt nach schädlichem Vorgang		**147.250**
-	ErbSt im Übertragungszeitpunkt		**66.500**
=	**ErbSt-Nachzahlung**		**80.750**

Tabelle 12: Steuernachzahlung durch Überentnahme
(Quelle: eigene Darstellung/ Berechnung)

Dadurch ergibt sich eine Erbschaftsteuernachzahlung von 80.750 €. Überentnahme und Erbschaftsteuerzahlung wäre durch entsprechende Einlagen vor Ende der Frist vermeidbar gewesen.